AF577847

V
H

Studientexte
Basiscurriculum Berufs- und Wirtschaftspädagogik

Herausgegeben von
Bernhard Bonz, Reinhold Nickolaus und Heinrich Schanz

Band 1

Wissenschaftstheorie

Logik und Paradigmen berufs- und wirtschaftspädagogischer Forschung

2., überarbeitete Auflage

von

Gerhard Minnameier und Manfred Horlebein

Schneider Verlag Hohengehren
Baltmannsweiler 2019

Umschlag: Verlag

Gedruckt auf umweltfreundlichem Papier (chlor- und säurefrei hergestellt).

Bibliografische Information der Deutschen Nationalbibliothek

Die Deutsche Nationalbibliothek verzeichnet diese Publikation in der Deutschen Nationalbibliografie; detaillierte bibliografische Daten sind im Internet über ›http://dnb.dnb.de‹ abrufbar.

ISBN 978-3-8340-2006-2

Schneider Verlag Hohengehren,
Wilhelmstr. 13, 73666 Baltmannsweiler

www.paedagogik.de

Printed in Germany – Druck: WolfMediaPress, Korb

Inhaltsverzeichnis

Geleitwort

Die Schriftenreihe „Studientexte Basiscurriculum Berufs- und Wirtschaftspädagogik“ – SBBW – ist thematisch eng am Basiscurriculum der Berufs- und Wirtschaftspädagogik (Sektion Berufs- und Wirtschaftspädagogik der DGfE 2014) orientiert, das als Grundlage der pädagogischen Ausbildung in Studiengängen zur Vorbereitung auf eine Berufstätigkeit im berufsbildenden Schulwesen, im betrieblichen Bildungs- und Personalwesen, in der beruflichen Weiterbildung, in der Bildungsverwaltung, im Bildungsmanagement und in der Bildungspolitik dient. Intention der einzelnen Studientexte ist es, in den jeweiligen Themenbereich einzuführen, d. h. die grundlegenden Fragestellungen aufzuzeigen, den Erkenntnisstand im Überblick zugänglich zu machen und zu eigenständiger Auseinandersetzung mit der Thematik anzuregen. Wesentliches Ziel der einzelnen Bände ist es sowohl den wissenschaftlichen Zugang zu den Themen zu ermöglichen, als auch wichtiges Orientierungswissen für die pädagogische Praxis zur Verfügung zu stellen.

In der Schriftenreihe SBBW sind folgende Bände erschienen bzw. in Vorbereitung:

1. Wissenschaftstheorie – Logik und Paradigmen berufs- und wirtschaftspädagogischer Forschung
2. Institutionen der Berufsbildung
3. Didaktik – Modelle und Konzepte beruflicher Bildung
4. Methodik – Lern-Arrangements in der Berufsbildung
5. Berufliche Sozialisation
6. Lehr-Lerntheorien
7. Diagnostik und Evaluation in der Berufsbildung
8. Professionalisierung des beruflichen Bildungspersonals
9. Betriebliche Bildungsarbeit
10. Ideen- und Sozialgeschichte der beruflichen Bildung

Die Schriftenreihe SBBW wendet sich in erster Linie an Studierende und Referendare des Lehramts für berufliche Schulen, aber auch an Lehrerinnen und Lehrer in beruflichen Schulen oder mit berufsbezogenen Lehrinhalten, an das Bildungspersonal in Betrieben und in anderen Institutionen der Berufsbildung einschließlich der beruflichen Fort- und Weiterbildung. Der vorliegende Band „Wissenschaftstheorie – Logik und Paradigmen berufs- und wirtschaftspädagogischer Forschung" der Schriftenreihe SBBW konzentriert sich auf Grundlagen für eigenständiges Denken und Arbeiten im Bereich von Theorie und Empirie.

Die Herausgeber der Schriftenreihe

Bernhard Bonz, Reinhold Nickolaus und Heinrich Schanz

Vorwort zur 2., überarbeiteten Auflage

Die erste Auflage dieses Bandes ist 2009 unter dem Titel „Wissenschaftstheorie – Grundlagen und Paradigmen der Berufs- und Wirtschaftspädagogik“ erschienen. Alleiniger Verfasser war *Manfred Horlebein*, der kurz nach seiner Emeritierung im Jahr 2011 schwer erkrankt und bedauerlicherweise seither nicht mehr in der Lage ist, wissenschaftliche Texte zu verfassen, weshalb die neue Auflage von mir gestaltet wurde. Deshalb wurde die 2. Auflage von mir grundlegend neugestaltet.

Die Inhalte der Kapitel 4 und 5 entsprechen weitgehend der Vorgängerfassung. Völlig neu geschrieben und inhaltlich anders ausgerichtet wurde dabei allerdings Abschnitt 4.6 zu „Kompatibilität und Pluralismus von Paradigmen“.

Insgesamt wurde für den vorliegenden Band ein Zugang gewählt, der von vornherein auf die Perspektive der Analytischen Philosophie als der der dem Mainstream in Wissenschaft und Wissenschaftstheorie zugrunde liegenden Denkschule aufbaut (vgl. z. B. Chalmers 2007; Schurz 2011; Barker & Kitcher 2013). Zugleich werden daran anschließend verschiedene in der heutigen Berufs- und Wirtschaftspädagogik relevante Paradigmen vorgestellt und diskutiert. Dies soll nicht nur einen Überblick und eine Orientierung hinsichtlich des Schrifttums geben, sondern zudem die Leser befähigen, aktuell geltende bzw. vorgegebene Forschungsstandards kritisch zu reflektieren.

Frankfurt am Main, im Oktober 2019

Gerhard Minnameier

1 Einführung

1.1 Die praktische Relevanz der Wissenschaftstheorie

„Grau, teurer Freund, ist alle Theorie und grün des Lebens goldner Baum", heißt es in *Goethes* Faust im siebten Kapitel. Dass alle Theorie grau ist, glauben auch heute viele. Und speziell Lehrberufsaspiranten tendieren gelegentlich dazu, lieber gleich „in die Praxis" einsteigen zu wollen, als sich erst noch jahrelang im Studium mit jener grauen Theorie zu beschäftigen (besonders in ihrer zentralen Disziplin, der Erziehungswissenschaft; vgl. z. B. Abel, 1997). Wie viel grauer – um nicht zu sagen „grauenhafter" – muss speziell denen, die so denken, da erst die Wissenschaftstheorie erscheinen!

Wie auch immer die Leser*innen eingestellt sein mögen, sie seien zunächst daran erinnert, dass der zitierte Satz von Mephisto gesprochen wird, um einen Schüler zu betören, und schon deshalb kritisch zu hinterfragen wäre. Wissenschaftliche Theorien – das wird im Verlauf des Buches noch deutlich herausgearbeitet – müssen weder grau noch abgehoben sein, und sie sind es in aller Regel auch nicht. Ganz im Gegenteil: Sie sollen ja Licht in Bereiche werfen, in denen wir bislang eher „schwarz" oder „grau" sehen, sollen uns helfen, relevante Sachverhalte besser zu verstehen und unsere Handlungen sinnvoll zu planen bzw. kritisch zu reflektieren. Wenn man das im Einzelfall nicht so empfindet, dann kann das zwei Gründe haben: Entweder hat man die Theorie nicht verstanden, oder aber sie taugt nichts.

Was im ersten Fall zu tun ist, können wir hier offen lassen. Der zweite Fall betrifft das Thema dieses Buches und der Wissenschaftstheorie. Es geht nämlich um die Frage, was eine Theorie (in theoretischer Hinsicht) leisten muss, um eine „gute" Theorie zu sein. Ebenso geht es um die Frage, was „gute" Theorien (in praktischer Hinsicht) genau zu leisten haben und was nicht. Hier mag es verschiedene Arten von Theorien für verschiedene Verwendungen geben; aber das kann an dieser Stelle noch offen bleiben. Wie die Bedeutung von „gut" in diesen, möglicherweise grundverschiedenen Hinsichten zu bestimmen ist, soll im vorliegenden Buch in knapper Form herausgearbeitet werden. Aber schon hier sei festgehalten: „There is nothing more practical than a good theory" (Lewin 1952, S. 169). Das bedeutet: Wenn wir es also mit einer guten Theorie zu tun haben, dann sollte sie weder „grau" sein, noch irrelevant für praktisches Handeln im Rahmen ihres Geltungsbereichs.

Wissenschaftstheorie ist also wichtig, und zwar gleich aus mehreren Gründen:

- Sie sorgt für Orientierung bei der Auseinandersetzung mit wissenschaftlichen Auffassungen und Texten, damit man einschätzen kann, mit welchem Anspruch

Forschung betrieben wird, inwiefern sie den Ansprüchen gerecht wird und wie sie sich zu anderen Theorien und Forschungsrichtungen in Beziehung setzen lässt. Gerade im Bereich der Erziehungswissenschaft gibt es nämlich verschiedene sogenannte Paradigmen, d. h. wissenschaftlichen Grundkonzeptionen, aus deren jeweiliger Perspektive Wissenschaft betrieben wird.

- Gleich unter welchem Paradigma geforscht wird, wissenschaftliche Erkenntnisse sind niemals sakrosankt und daher stets kritisch zu reflektieren. Ein kritisch distanzierter aber eben auch kompetenter Blick auf Forschungspraxis und Forschungspublikationen ist für den professionellen Nutzer wissenschaftlicher Erkenntnisse deshalb unabdingbar.
- Genau in diesem Sinne sind wissenschaftstheoretische Kenntnisse auch Voraussetzung für (eigene) sachgerechte empirische Forschung, die sich nicht allein auf Kompetenzen in Forschungsmethoden und Auswertungsverfahren stützen kann, sondern auch methodologisch stringent konzipiert sein muss.

Noch ein weiterer Grund, warum Wissenschaftstheorie für Berufs- und Wirtschaftspädagogen ein interessantes Thema ist, liegt vielleicht weniger auf der Hand: Wissenschaftstheorie befasst sich im Kern mit der Frage, wie wissenschaftliche Theorien entstehen und wie sichergestellt werden kann, dass einzelne wissenschaftliche Aussagen auch „wahr" sind. Anders gesagt: Sie beschreibt Wissenserwerbs- und Wissensentwicklungsprozesse im Bereich der Wissenschaft. Wenn und soweit diese Wissenserwerbs- und Wissensentwicklungsprozesse nicht völlig verschieden sind von denen in anderen Lebensbereichen, kann auch jede Erziehungswissenschaft inhaltlich an Wissenschafts- und philosophische Erkenntnistheorie anknüpfen. Es wird sich auch im vorliegenden Buch zeigen, was die Wissenschaftstheorie im Einzelnen für Theorien des Lehrens und Lernens zu bieten hat.

1.2 Beispiel „Unterrichtsqualität" als wissenschaftliches Problem

In der Erziehungswissenschaft wird beispielsweise untersucht, wie sich verschiedene, als lernrelevant eingestufte Faktoren auf den Lernerfolg auswirken. Solche Faktoren können in der Person der Lernenden, der Lehrenden oder der Mitlernenden liegen, darüber hinaus aber auch in Faktoren der physischen und sozialen Umgebung. Vermutlich sind sogar alle diese Faktoren relevant und wirken im Hinblick auf das Gelingen bzw. Nicht-Gelingen des Unterrichts zusammen.

Wie aber können wir diese Wirkungen und Wechselwirkungen bestimmen? Und mit welcher Genauigkeit ist das im pädagogischen Bereich prinzipiell möglich? Wie auch immer man die Frage prinzipiell möglicher Präzision in der Aufklärung beurteilt, in jedem Fall ist von ziemlich komplizierten Ursache-Wirkungs-Zusammenhängen auszugehen, von denen die Unterrichtsqualität abhängt und auf deren Basis sie zu bestimmen ist. Und es wird noch komplizierter, wenn man darüber hinaus die Beiträge der Unterrichtsqualitätsfaktoren für individuelle Lernerfolge (und -misserfolge) aufklären möchte zeigt das sog. „Angebots-Nutzungs-Modell" unterrichtlichen Lernens, welches den geschilderten Gesamtzusammenhang aus Sicht der heutigen Unterrichtsforschung darstellt und illustriert.

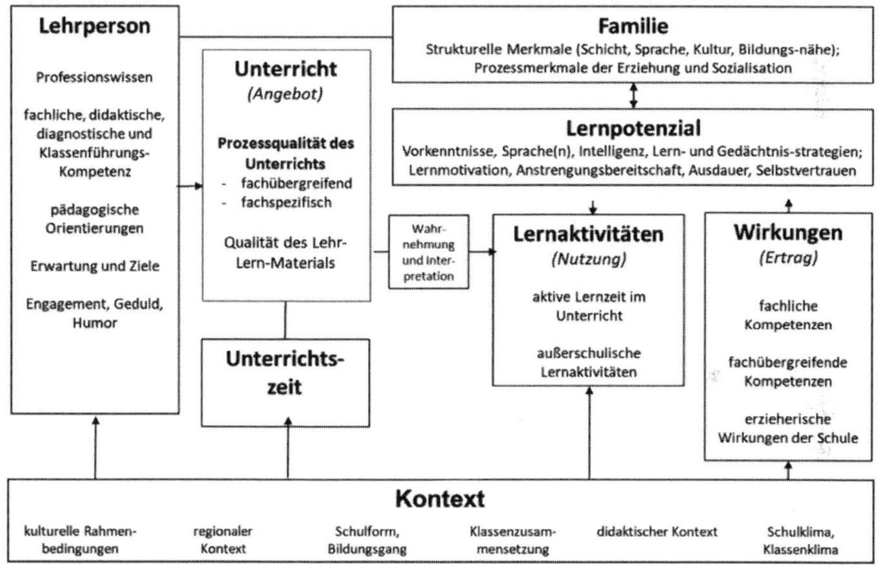

Abb. 1 Angebots-Nutzungs-Modell (eigene Darstellung, nach Helmke 2012, S. 71)

Man erkennt unmittelbar, dass hier vielfältige Beziehungen angenommen werden, von denen einige kausal im Sinne eines Ursache-Wirkungs-Zusammenhangs zu verstehen sind, andere im Sinne einer Wechselwirkung oder vielleicht auch nur eines konditionalen Zusammenhangs. Solche Faktoren verstehen wir üblicherweise als Moderatoren oder Mediatoren von Kausalzusammenhängen, wobei auch hier gilt, dass Lernergebnisse als Wirkungen spezifischer Ursachen und deren Zusammenwirken verstanden werden, die theoretisch aufzuklären und empirisch zu prüfen sind.

Einzelne empirische Studien fokussieren aus pragmatischen Gründen üblicherweise nur auf spezifische Aspekte eines solchen Beziehungsgeflechts. Das macht es jedoch umso wichtiger, den Gesamtzusammenhang aus wissenschaftstheoretischer Perspektive im Blick zu haben und zu behalten. Dabei ist nicht nur die Vielschichtigkeit der Ursache-Wirkungs-Zusammenhänge zu berücksichtigen, sondern auch die Vielschichtigkeit der Sprache bzw. der Sprachen, die man benutzt. Das betrifft insbesondere den Zusammenhang zwischen Elementen der (abstrakten) Theoriesprache und der (konkreten) Beobachtungssprache, die wir im Alltag, aber auch bei der empirischen Erfassung der Realität benutzen. Auch der Zusammenhang von Sprache und Welt als solcher steht zur Debatte, ebenso wie die Frage, welche Fragen überhaupt wissenschaftlich beantwortet werden können und welche nicht.

Zum Beispiel ist Unterrichtsqualität etwas, das wir nicht direkt beobachten können. Abgesehen vom Problem der Beobachtbarkeit bzw. des Realitätsbezugs ist „Unterrichtsqualität" aber auch ein evaluativer Begriff. Die Qualität kann gut oder schlecht sein. Die Rede von guter Unterrichtsqualität impliziert insofern stets eine Wertung. Daher stellt sich die Frage, ob Wissenschaft nicht wertfrei sein sollte und inwieweit man folglich überhaupt mit den Mitteln der Wissenschaft bestimmen kann, ob eine bestimmte Art von Unterricht nun „gut" oder „schlecht" ist. Man sieht, selbst einfach wirkende Fragestellungen wie die nach guter Unterrichtsqualität erweisen sich bei näherem Hinsehen schnell als vielschichtig, problematisch und wissenschaftlich schwer oder gar nicht greifbar. Hier für einen klaren Blick und eine systematische Orientierung zu sorgen, ist Ziel des vorliegenden Buches.

Übungs- und Vertiefungsaufgaben zu Kapitel 1

1. Warum sind Kenntnisse in Wissenschaftstheorie für Studierende, aber auch für praktizierende Lehrpersonen bedeutsam wichtig?

2. Überlegen Sie selbst, wie für Sie berufs- und wirtschaftspädagogische Forschung aussehen sollte und was daran jeweils die Wissenschaft ist, in welcher Hinsicht das also über alltägliche Praxisreflexion und pädagogische Vorstellungen hinausgeht bzw. hinausgehen soll.

3. Welche wissenschaftlichen und wissenschaftstheoretischen Herausforderungen bringt die – aus der Alltagssicht vielleicht eher simple – Frage nach guter Unterrichtsqualität mit sich?

2 Theorie und Realität aus Sicht der Analytischen Philosophie

2.1 Zum Theoriebegriff und zum Abgrenzungsproblem

Im Bereich der Erziehungswissenschaft im Allgemeinen, aber auch der Berufs- und Wirtschaftspädagogik im Besonderen, treffen wir auf teilweise recht verschiedene Theoriekonzepte, was auch mit verschiedenen Paradigmen zusammenhängt (vgl. Kap. 4). Wir werden uns im Folgenden jedoch zunächst an dem Paradigma orientieren, das sich im Bereich der wissenschaftlichen und wissenschaftstheoretischen Entwicklungen in den verschiedenen wissenschaftlichen Disziplinen als führend etabliert hat und durch das der wissenschaftliche Common Sense in weiten Teilen der Wissenschaft geprägt sein dürfte. Damit ist die Tradition der Analytischen Philosophie und in dieser Tradition insbes. die Konzeption des Kritischen Rationalismus angesprochen (vgl. z. B. auch Böhm, Holweg & Hoock 2002; Schurz 2011; Neck & Stelzer 2013; Helfrich 2016).

Wenn wir im vorliegenden Zusammenhang von Theorien sprechen, dann sind *wissenschaftliche* Theorien gemeint. Aber was sind „wissenschaftliche Theorien" genau, und wie lassen sie sich von sog. Alltagstheorien, also unseren alltäglichen Vorstellungen und Erklärungskonzepten, abgrenzen? Diese Frage ist als das sog. „Abgrenzungsproblem" bekannt.

Intuitiv unmittelbar einleuchtend ist vielleicht, dass wissenschaftliche Theorien objektiv sein sollen, was voraussetzt, dass sie intersubjektiv überprüfbar sein müssen. Und da man wissenschaftliche Erkenntnisse üblicherweise nicht durch einfache Inaugenscheinnahme überprüfen kann, ist wiederum eine bestimmte Methodologie erforderlich, der wissenschaftliche Theorien folgen müssen, um entsprechend prüfbar zu sein. Abgesehen von der Frage, wie man eine solche Methodologie spezifizieren könnte, d. h. wie man bei wissenschaftlicher Erkenntnis vorzugehen bzw. wissenschaftliche Erkenntnisse abzusichern habe, gibt es aber noch zwei weitere, logisch vorgeordnete Fragen. Die erste Frage ist die nach dem Sein, d. h. nach dem, was es gibt (Ontologie), die zweite die nach der Erkennbarkeit dessen, was es gibt (Epistemologie). Auf die Antworten auf diese beiden Fragen gründet sich schließlich eine wissenschaftliche Methodologie.

Zum Beispiel geht man in der Theologie davon aus, dass es Gott (oder Götter) gibt. Ob und inwiefern man ihn (oder sie) bzw. die göttlichen Weisheiten erkennen kann, ist eine andere Frage. Schon daran erkennt man, dass diese beiden Grundfragen der Ontologie und der Epistemologie erstens logisch voneinander unabhängig und zweitens alles andere als trivial sind. Während manche von der Existenz metaphysischer Wesenheiten, die unsere alltägliche (physische) Erfahrung übersteigen, überzeugt sein mögen, ist umgekehrt auch eine skeptische Position möglich, der zufolge man die gesamte Außenwelt einschließlich der Wahrnehmung der eigenen Person als Illusion deutet und entsprechend auch nicht (einmal) von der Existenz einer objektiven (physischen) Realität ausgeht. Beide Extrempositionen sind zwar logisch nicht inkonsistent, aber wissenschaftlich inakzeptabel, weil sie einer erfahrungsbasierten Prüfung bzw. Kritik nicht zugänglich sind.

Damit haben wir bereits ein zentrales Kriterium moderner wissenschaftlicher Theorien kennengelernt, dass sie nämlich durch Erfahrung, welcher Art auch immer, prüfbar sein müssen. In ontologischer Hinsicht geht die moderne Wissenschaftstheorie davon aus, dass es eine objektive Realität gibt, auf die wir uns mit wissenschaftlichem Erkenntnisinteresse beziehen. In epistemologischer Hinsicht gehen wir auch von der prinzipiellen Erkennbarkeit dieser Realität, basierend auf unseren menschlichen Erkenntnisfähigkeiten, aus.

Allgemein können wir also vorerst festhalten, dass Theorien zwei Kriterien erfüllen müssen, um als „wissenschaftlich" gelten zu können:

1. Sie müssen sich auf erfahrbare Realitätsaspekte (Phänomene) beziehen.
2. Sie müssen anhand der Erfahrung geprüft werden können.

Hans Reichenbach hat für diese beiden Bezüge von Theorien zur empirischen Realität die Bezeichnungen „Entdeckungszusammenhang" und „Begründungszusammenhang" eingeführt (1938/1983), und das verweist zunächst einmal darauf, dass Theorien aus bestimmten erfahrenen Konstellationen in der Realität heraus entwickelt bzw. „entdeckt" werden und dass sie ebenfalls auf Basis spezifischer Erfahrungen auf ihre Wahrheit (oder Falschheit) hin geprüft werden müssen. Letzteres geschieht über geeignete empirische Verfahren wie Experimente, Befragungen oder andere Formen der Datenerhebung.[1]

Wie erwähnt nähern wir uns der Wissenschaftstheorie aus der Perspektive der Analytischen Philosophie und zunächst besonders der des Kritischen Rationalismus. Es wird sich jedoch zeigen, dass der Kritische Rationalismus, zu dem sich vermutlich

[1] Zumindest gilt das für die sog. Erfahrungs- bzw. Realwissenschaften. Davon unterscheiden kann man Formalwissenschaften wie die Mathematik. Aber auch für Letztere gilt, dass sie an der Erfahrung ansetzt; insofern operiert auch die Mathematik über einer empirischen Basis. Lediglich die Frage der Bestätigung mathematischer Erkenntnisse, die typischerweise in Form mathematischer Beweise erfolgt, ist anders zu beurteilen als Verfahren der Bestätigung in den Erfahrungswissenschaften (s. hierzu Minnameier 2017). Darüber hinaus gilt auch für geisteswissenschaftlich-hermeneutisch arbeitende Wissenschaftler und entsprechend geprägte Disziplinen (wie z. B. der Theologie; vgl. etwa Peukert 2009), dass Theorien anhand der Erfahrung validiert werden müssen.

die eine Mehrheit der auf dem Gebiet der Berufs- und Wirtschaftspädagogik tätigen Forscher mehr oder weniger bekennen würden, in verschiedenen Punkten an sehr ernst zu nehmende Grenzen stößt, die systematische Neuorientierungen notwendig erscheinen lassen. Auch auf solche Weiterentwicklungen im Lichte des sog. Pragmatismus werden wir eingehen.

Des Weiteren sei an dieser Stelle auf die konkurrierenden Paradigmen verwiesen, auf die in Kap. 4 eingegangen wird und deren Zugang zur Wissenschaft teilweise ein völlig anderer ist. Insbesondere wird in der Berufs- und Wirtschaftspädagogik heute die sog. „Design-Based Research“ explizit als Gegenkonzept zum Kritischen Rationalismus ins Feld geführt (vgl. Sloane 2014; 2017). Ob und inwiefern Design-Based Research dem Kritischen Rationalismus oder seiner pragmatistischen Weiterentwicklung überlegen oder unterlegen ist, wird im Anschluss an die Vorstellung der verschiedenen Paradigmen erörtert.

2.2 Das Theorie-Verständnis im Kritischen Rationalismus

Im Kritischen Rationalismus wie in der Analytischen Philosophie vom Beginn bis ins späte 20. Jahrhundert geht man davon aus, dass es eine vom Beobachter unabhängige objektive Realität gibt, die man allerdings nicht direkt, sondern nur über unsere Sinne vermittelt erkennen kann und die deshalb in ihrer Substanz auch nicht so beschaffen sein muss, wie sie unmittelbar erscheint. Letzteres hat man freilich auch in der Antike schon so gesehen. So unterscheidet insbesondere Aristoteles zwischen „Substanz“ und „Akzidenz“, wobei mit „Akzidenz“ die (zufälligen) Ereignisse und Erscheinungen gemeint sind, die wir alltäglich in unserem Erleben stoßen, mit „Substanz“ hingegen die notwendigen und ewig gültigen Ursachen, auf die wir die konkreten Ereignisse zurückführen.[2] In der Antike führte man z. B. alles konkret Seiende auf die vier Grundelemente Wasser, Erde, Luft und Feuer zurück, sodass durch Mischung und wechselseitige Einwirkung dieser Elemente aufeinander alles, was wir als konkrete Gegenstände erkennen, entstanden sein musste. In der modernen Wissenschaft treten Naturgesetze an diese Stelle, mit deren Hilfe wir konkrete Ereignisse erklären und auf die wir sie kausal zurückführen. So erklären wir heute beispielsweise physikalische Phänomene unter Rekurs auf Theorien der Quantenphysik, Thermodynamik oder Relativitätstheorie, wirtschaftliche Phänomene unter Rekurs auf Geld-, Wachstums- oder Nutzentheorien, psychische Phänomene unter Rekurs auf Intelligenz-, Kognitions- oder Motivationstheorien usw.

[2] Ganz in diesem Sinne definiert z. B. *Max Scheler* „Bildungswissen“ im Unterschied zum „Erfahrungswissen“ als „ein gegliedertes *Wesenswissen,* das zur *Form und Regel der Auffassung,* zur 'Kategorie' aller zufälligen Tatsachen künftiger Erfahrung desselben Wesens geworden ist“ (1947, S. 22).

Man erkennt, dass die wissenschaftliche Suche nach Naturgesetzen dabei nicht auf die sog. Naturwissenschaften beschränkt ist, sondern auf alle Aspekte der Realität bezogen wird – so auch im Bereich des Psychischen und des Sozialen. Überhaupt ist es ein konstitutives Merkmal des Kritischen Rationalismus und der Analytischen Philosophie, dass man von der Idee der „Einheitswissenschaft" ausgeht, die sich insgesamt auch nur einem einzigen Gegenstand – der Realität als solcher – widmet und deren Ausdifferenzierung lediglich arbeitsteiligen Charakter hat.[3] Entsprechend ist es sowohl innerhalb der einzelnen Disziplinen als auch über sie hinweg ein zentrales Ziel, bereichsspezifische Theorien zusammenzuführen. Man spricht entsprechend von Vereinheitlichung bzw. Unifikation (vgl. z.B. Schurz 1999).[4]

Die Analytische Philosophie beginnt mit dem sog. Wiener Kreis und dem von seinen Mitgliedern[5] vertretenen Logischen Positivismus, und der Kritische Rationalismus versteht sich als Weiterentwicklung des Logischen Positivismus. Kennzeichnend für Letzteren ist zum einen die Anwendung der Logik formaler Sprachen auf wissenschaftstheoretische Fragen, zum anderen eine rigorose Vermeidung metaphysischer Bezugnahmen und damit verbunden auch das Prinzip der Wertfreiheit der Wissenschaft, das auf *Max Weber* (1917 / 1988) zurückgeht. Die Wissenschaft sollte sich auf die Beschreibung und Erklärung der empirisch beobachtbaren Realität konzentrieren. Was nicht im strengen Sinne beobachtbar war, galt wissenschaftlich als „sinnlos". In diese Kategorie des (zumindest wissenschaftlich) Sinnlosen fallen demgemäß Werturteile (gut/schlecht), Normen (richtig/falsch im normativen Sinn) und alle metaphysischen Entitäten wie „Gott", der Hegel'sche „Weltgeist", die „Seele" usw., denn nichts davon können wir beobachten.

Wissenschaft sollte sich also auf die Beschreibung und Erklärung beobachtbarer Sachverhalte konzentrieren und beschränken. Aber die Sache hat (mindestens) einen Haken: In der Wissenschaft benutzt man theoretische Begriffe, die etwas bedeuten, das man ebenfalls nicht beobachten kann (zumindest nicht direkt). Man denke an so vergleichsweise harmlose Dinge wie „Massenträgheit", „Nutzen", „Intelligenz" – ja, selbst „Wissen" können wir nicht wirklich beobachten, auch

[3] Demgegenüber geht man im geisteswissenschaftlichen Paradigma von zwei Welten aus, einer natürlichen und einer geistigen, und unterstellt, dass Kausalerklärungen nur im Bereich der Naturwissenschaft sinnvoll seien, wohingegen im Bereich des Geistigen bzw. Psychischen hermeneutisches Verstehen vonnöten sei (vgl. Abschn. 4.2).

[4] Dieses Ziel hat vor allem auch einen methodologischen Aspekt, denn Theorien werden auch dadurch gestützt, dass sie mit anderen Theorien kompatibel sind, so dass man eine Theorie in eine andere integrieren oder beide zu einer umfassenderen Theorie zusammenführen kann. Dies ist auch bedeutsam im Kontext der Paradigmenfrage (vgl. Kap. 4).

[5] Hierzu zählten neben zahlreichen anderen z. B. *Rudolf Carnap*, *Otto Neurath* und *Moritz Schlick*, der den Kreis leitete.

wenn wir meinen, beschreibende Aussagen darüber machen zu können. Lehrpersonen können hören oder lesen, welche Antworten Schüler auf ihre Fragen geben, aber das ist ja nicht gleichzusetzen mit dem Wissen, über das sie (intern) verfügen. Ähnliches gilt für pädagogisch relevante Konzepte wie „Sozialkompetenz" oder „Unterrichtsqualität". In wissenschaftlichen Theorien wimmelt es nur so von Konzepten, die nicht (direkt) Beobachtbares beschreiben, und die Begriffe werden abstrakter – und damit beobachtungsferner –, je entwickelter die jeweilige Wissenschaft ist.

Den frühen Vertretern der Analytischen Philosophie war das natürlich auch klar, und *Rudolf Carnap* (1958) führte deshalb die Unterscheidung einer Beobachtungssprache und einer Theoriesprache ein. Sein damit verbundenes Programm bestand darin zu zeigen, dass Aussagen in stets in solche in übersetzbar waren. Anders gesagt, Theorien wären damit nur elegante Abkürzungen und Verdichtungen von Sachverhalten, die allerdings prinzipiell nicht transzendierten. Aber dieser Plan ging nicht auf. *Carnap* ist es nicht gelungen, selbst so einfache theoretische Terme wie sog. Dispositionsbegriffe (z. B. die „Wasserlöslichkeit" von Zucker oder Salz) auf -Terme zu reduzieren (vgl. hierzu ausführlich Stegmüller 1974, S. 213–289)). Man kann noch so oft beobachten, dass sich Zucker in Wasser auflöst, eine allgemeine Disposition des Zuckers ergibt sich daraus aber nicht unmittelbar, sondern muss aus diesen Beobachtungen erst erschlossen werden, und es ist die Frage, was für ein Schluss hier vonnöten ist und wodurch er genau gerechtfertigt ist (s. hierzu Abschn. 3.2).

Ein weiteres Problem besteht darin, dass nicht als Sinnesdatensprache (miss)verstanden werden darf. Ebenso wie Dispositionsbegriffe die Beobachtungen bzw. Aussagen über die Beobachtungen übersteigen, übersteigen auch beobachtungsprachliche Aussagen die Beobachtungen und natürlich noch mehr die beobachtete Realität als solche. Wenn wir davon ausgehen, dass es eine objektive Realität gibt, mit der wir als epistemische (d. h. „erkennende") Subjekte interagieren, dann sind schon unsere sinnlichen Wahrnehmungen begriffliche Repräsentationen dieser Realität – „begrifflich", weil wir dabei Sinnesreizungen in Wahrnehmungskonzepte transformieren (insbesondere Objekte und ihre Eigenschaften wie z. B. Farben).[6] In repräsentieren wir unsere Wahrnehmungen sprachlich und sind damit in der Lage, sie zu kommunizieren. In werden schließlich beobachtungssprachliche beschriebene Phänomene repräsentiert, und zwar so, dass sie dadurch in ihrem Zustandekommen erklärt werden (vgl. hierzu auch Minnameier 1997 a).

[6] Auch bei Tieren kann man nachweisen, dass sie entsprechende Wahrnehmungskategorien bilden. Kürzlich wurde z. B. anhand einer Untersuchung bei Zebrafinken festgestellt, dass Vögel Farben kategorial wahrnehmen (also nicht in den tatsächlich präsentierten kontinuierlichen Abstufungen zwischen „orange" und „rot", sondern als diskrete Farbkategorien) (vgl. Kelber 2018).

Daraus resultieren zwei Probleme, die im Logischen Positivismus nicht angemessen adressiert wurden, die jedoch vom Kritischen Rationalismus und anderen Nachfolgekonzeptionen innerhalb der Analytischen Philosophie aufgegriffen wurden. Das eine ist das sog. Problem der Theoriebeladenheit der Erfahrung. Es besagt, dass Erfahrungen und erst recht deren beobachtungssprachliche Beschreibungen nicht die Realität ungebrochen abbilden, sondern diese eben schon alltagstheoretisch rekonstruieren und überformen (vgl. Hanson 1958/1965, S. 53–58; Schurz 2011, S. 57–62). Das zweite ist das Problem der Theoretizität theoretischer Begriffe. Es besagt, dass i. e. S. theoretische Begriffe nicht in konkreten beobachtungssprachlichen Formulierungen aufgehen können, was die Frage aufwirft, welchen ontologischen Status Theorien überhaupt haben.[7]

Im Kritischen Rationalismus löst man diese Probleme dadurch, dass man zunächst Theorien einen höheren Stellenwert einräumt als im Logischen Positivismus. Sie gelten nicht mehr nur als pragmatische Abkürzungen komplexer Beobachtungszusammenhänge oder aber als metaphysikverdächtig. Vielmehr werden Sie als intelligente Konstruktionen zur Erklärung beobachtbarer Phänomene verstanden, die sich aber, wenn sie sinnvoll sein und beibehalten werden sollen, immer wieder anhand der Erfahrung bewähren müssen und die insofern möglichst radikalen Tests ausgesetzt werden müssen.

Man geht dabei nicht von einer vollständigen Theorieabhängigkeit aller Erfahrung aus, sonst wäre alle empirische Wissenschaft zirkulär. Vielmehr muss man sich verschiedene Schichten kognitiver Konstruktionen vorstellen, die aufeinander aufbauen: Wir nehmen Dinge mit unseren Sinnen wahr, auf die wir uns beobachtungssprachlich beziehen, und theoriesprachlich beziehen wir uns wieder auf sprachlich fixierte Beobachtungen. Keine dieser Konstruktionen ist vollkommen sicher (auch unseren Sinnen können wir nicht immer und nicht vollständig vertrauen). Aber wir können auf allen Ebenen empirische Prüfungen durchführen, indem wir Wahrnehmungsgegenstände inspizieren, indem wir Beschreibungen durch Inaugenscheinnahme überprüfen oder indem wir zur Prüfung wissenschaftlicher Theorien Experimente durchführen, das Geschehen in geeigneter Weise dokumentieren und diese Daten auswerten.

Wissenschaftliche Theorien bestehen nach kritisch-rationaler Auffassung zunächst aus theoretischen Begriffen, die (wie schon erläutert) nicht unmittelbar Beobacht-

[7] Ein spezielles Problem in diesem Zusammenhang wurde dabei im Sneed-Stegmüller'schen Strukturalismus herausgearbeitet (vgl. Stegmüller 1987, S. 480–488): das der T-Theoretizität. „T-theoretische" Begriffe sind solche, die im Rahmen einer bestimmten Theorie nicht unabhängig empirisch untersucht werden können, weil jede Messung bereits ihre Annahme voraussetzt. So setzt die Messung der Kraft im Kontext der *Newton*'schen Mechanik bereits das zweite Newton'sche Axiom voraus, was bedeutet, dass sich dieser Aspekt von Newtons Theorie gar nicht unabhängig von ihr messen lässt.

bares beschreiben, sondern hypothetische Konstrukte zur Rekonstruktion von Erfahrung auf der Theorieebene. Ferner versteht man Theorien im Kern als nomologische Aussagen, also Gesetzesaussagen. Dies wird im Kritischen Rationalismus nicht nur im Hinblick auf Naturgesetze der Naturwissenschaften so gesehen, sondern auf alle Bereiche wissenschaftlichen Arbeitens übertragen. Gesetze in diesem Sinn sind Allsätze mit WENN-DANN-Struktur. Bezogen auf Abb. 1 könnte man z.B. sagen: „WENN eine Lehrperson hoch ausgeprägtes Professionswissen hat, DANN fördert dies den Kompetenzerwerb der Schülerinnen und Schüler". Weder das Professionswissen der Lehrpersonen, noch die Kompetenzen der Schülerinnen und Schüler lassen sich dabei direkt beobachten. Es handelt sich um theoretische Konstrukte, die im Sinne einer Gesetzmäßigkeit (hier: Förderung) miteinander verknüpft sind (wobei in diesem Fall die Förderung selbst ein theoretisches Konstrukt ist und noch näher bestimmt werden müsste).

Wichtig ist, dass es sich um *allgemeine* Gesetzesaussagen handelt, denn sonst könnte man solche Theorien nicht prüfen. Die obige Gesetzesaussage ist ein Allsatz, weil sie prinzipiell für alle Lehrpersonen gilt, die das genannte Kriterium erfüllen. Nur für allgemeine bzw. verallgemeinerbare Aussagen kann man Beobachtungen gezielt wiederholen, was nötig ist, um Theorien systematisch auf die Probe zu stellen. Das bringt uns zur Frage der Methodologie.

2.3 Die Methodologie des Kritischen Rationalismus

Die Tatsache, dass theoretische Aussagen nicht auf Beobachtungssprache und Letztere nicht auf Sinnesdaten reduzierbar sind, wirft die Frage auf, wie man Theorien dann begründen bzw. wie man die Wahrheit der theoretischen Aussagen sicherstellen kann. Eine absolute Sicherheit in diesem Sinne kann es jedoch nicht geben. Solche „Letztbegründungen" enden – gleich ob man sie in empirischen Analysen oder in theoretischer Reflexion sucht – im sog. „Münchhausen-Trilemma" (Albert 1968/1991):

a) Entweder man gerät in einen infiniten Regress, weil jede Begründung wieder angezweifelt und hinterfragt werden könnte, oder

b) man gerät in einen logischen Zirkel, bei dem im Begründungsregress irgendwann auf ein Element rekurriert wird, das zuvor schon als erklärungsbedürftig genannt wurde,[8] oder

c) man bricht das Verfahren an einer bestimmten Stelle ab.

[8] Ein Beispiel wäre, wenn man etwa die Tatsache, dass Schüler viel lernen, auf gute Unterrichtsqualität zurückführt, diese aber wieder als jene Art von Unterricht erklärt, bei der man viel lernt.

Letzteres ist der einzig sinnvoll gangbare Weg, womit der Anspruch auf Letztbegründung aufgegeben wird. Die Frage ist, wo man abbricht, und darauf gibt es zwei Antworten: Erstens bricht man niemals vollständig ab, sondern stets nur vorläufig, d. h. Theorien werden niemals als wahr „abgesegnet“, sondern gelten immer nur bis auf weiteres. Menschliche Erkenntnis ist immer fehlbar – „fallibel“ –, weshalb man im Kritischen Rationalismus einen erkenntnistheoretischen Fallibilismus unterstellt. Zweitens gilt für die vorläufige Annahme von Theorien das sog. Falsifikationsprinzip, das nachfolgend erläutert wird.

Das Münchhausen-Trilemma beschreibt nichts anderes als die Unmöglichkeit der Verifikation. Kritische Rationalisten halten nun zwar das Projekt der *Verifikation* von Theorien für gescheitert, halten es aber umgekehrt für möglich, Theorien zu *falsifizieren*, und auf dieses *Falsifikationsprinzip* stützt sich die entsprechende Methodologie.

Nehmen wir eine einfaches und klassisches Beispiel einer einfachen empirischen Generalisierung: In unserer Lebenswelt sind Schwäne für gewöhnlich weiß. Ja, wenn man von der Möglichkeit absieht, dass sie beschmutzt oder bemalt sein könnten und dass junge Jungschwäne eher grau sind, dann sind wir aufgrund unserer empirischen Erfahrung geneigt zu schließen, dass alle Schwäne weiß sind.[9] Diese Generalisierung übersteigt aber unsere Erfahrung, weil wir ja niemals alle Schwäne beobachten können und sich die Aussage nicht nur auf alle aktuell lebenden, sondern auch auf alle vergangenen und zukünftigen Schwäne beziehen würde und im Übrigen auch nicht ausgeschlossen werden könnte, dass es nicht anderswo im Universum ebenfalls Schwäne gäbe.

Es ist vor diesem Hintergrund sinnlos, weiße Schwäne zu suchen und zu zählen und darauf eine Bestätigung von „Alle Schwäne sind weiß“ gründen zu wollen. Wohl aber können wir Gegenbeispiele suchen, die die Aussage falsifizieren würden. Und wenn wir dabei systematisch vorgehen, suchen wir nicht immer nur dort, wo wir schon die Schwäne beobachtet haben, die uns ursprünglich zu unserer Hypothese geführt haben, sondern dort, wo man Schwäne anderer Farbe vermuten könnte (wenn es sie denn gibt). Wir sollten folglich in fernen Ländern auf anderen Kontinenten suchen, wo sich evolutionär Schwäne mit anderer Farbe entwickelt haben könnten, die dann unsere Hypothese falsifizieren würden. Und tatsächlich: In Australien ist der schwarzgefiederte „Trauerschwan“ beheimatet.

[9] Formal ist die Aussage „Alle Schwäne sind weiß“ gleichbedeutend mit dem Satz: „WENN etwas ein Schwan ist, DANN ist es weiß.“ In der Formalsprache der Prädikatenlogik schreibt man dafür was heißt: „Für alle gilt: wenn das Prädikat („Schwan“) zukommt, dann kommt ihm auch das Prädikat („weiß“) zu.“

Das bedeutet also, dass wir Theorien besonders kritischen Prüfungen unterziehen müssen. Eine Theorie, die viele ernsthafte und rigorose Falsifikationsversuche überstanden hat, gilt entsprechend als (gut) bewährt. *Karl Popper* hat deshalb bereits in der „Logik der Forschung" (1934/2005) den Begriff der „Bewährung" (Corroboration) eingeführt und diesen dem verifikationistischen Konzept der „Bestätigung" (Confirmation) gegenübergestellt (vgl. auch 1963/2009).

Logisch lässt es sich dieser Zusammenhang am sog. HO-Schema verdeutlichen, das auf *Carl Hempel* und *Paul Oppenheim* (1948) zurückgeht und nach ihnen benannt ist (Abb. 2).

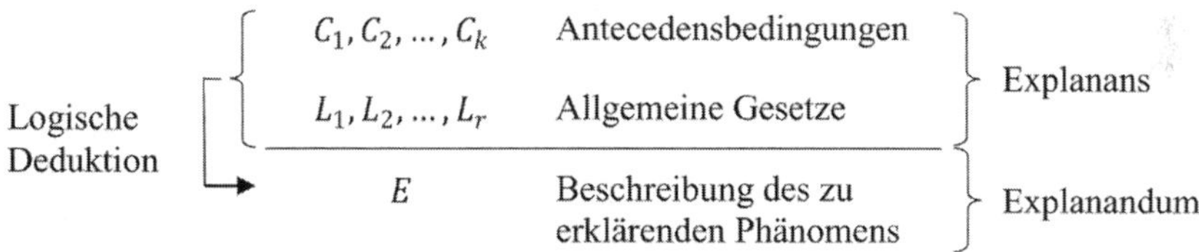

Abb. 2 Das HO-Schema (nach Hempel & Oppenheim 1948, S. 138)

Nehmen wir das obige Beispiel: „Guter Unterricht ist eine zentrale Ursache für den Lernerfolg der Schülerinnen und Schüler." Um daraus zunächst ein allgemeines Gesetz zu machen, muss man es von der wertenden Stellungnahme „gut" befreien. Das geht insofern, als „gut" hier als die Menge von Eigenschaften gelten kann, die für die erwünschten Wirkungen auf den Lernerfolg in irgendeiner Weise kausal verantwortlich sind. Außerdem muss man empirisch prüfbar sagen können, wann diese Bedingungen erfüllt sind und ebenso, in welchen Kategorien und auf welche Weise sich der Lernerfolg bestimmen lässt. Schließlich wäre bei diesem Beispiel zu bedenken, dass es sich hierbei nur um ein Partialgesetz handelt, weil die Faktoren „guten" Unterrichts lediglich zentrale, nicht jedoch ein vollständiges Set der hinreichenden Bedingungen des Lernerfolgs beschreiben.

Zu erklären ist in diesem Fall der Lernerfolg bzw. der differentielle Lernerfolg, der sich ermitteln lässt, wenn man verschiedene, ansonsten jedoch vergleichbare Gruppen gegeneinander testet, die jeweils unterschiedlichen Lernarrangements ausgesetzt sind. Der Lernerfolg ist das *Explanandum*. Das *Explanans* besteht jedoch nicht nur aus dem allgemeinen Gesetz, sondern darüber hinaus aus der Angabe, dass die WENN-Komponente des Gesetzes erfüllt ist. Das heißt, der (vergleichsweise größere) Lernerfolg wird dadurch erklärt, dass bestimmte Unterrichtsbedingungen vorliegen (Antecedensbedingungen), die für den Lernerfolg ursächlich sind (allgemeines Gesetz).

Zu bedenken ist allerdings, dass die aus dem Explanans deduzierbare Konklusion (*E*) prinzipiell auch Folge einer anderen Ursache(nkonstellation) sein kann (z.B. dem außerschulischen Engagement der Eltern). Der Rückschluss vom Explanandum auf das Explanans ist deduktionslogisch auch nicht korrekt und insofern faktisch nicht zwingend. Umgekehrt ergibt sich aber deduktiv, dass „guter" Unterricht (zumindest tendenziell) zu vergleichsweise „guten" Ergebnissen führen sollte. Wenn dieses Ergebnis bei Vorliegen der Bedingungen nachweislich nicht eintritt, ist die Theorie deshalb – per Anwendung des *Modus Tollens* – falsifiziert.

Und noch etwas ist zu beachten: Eine Satz wie „Alle Schwäne sind weiß" ist zwar eine prinzipiell falsifizierbare Aussage, aber insofern keine wissenschaftliche Theorie, als es sich dabei nur um eine verallgemeinerte *Beobachtung* handelt. Wissenschaft beginnt jedoch nach kritisch-rationaler Auffassung erst dort, wo solche Beobachtungen zu erklären sind. „Warum sind Schwäne weiß?" – Das wäre eine wissenschaftliche Frage. Eine andere ist: „Warum lernen Menschen unter bestimmten Bedingungen mehr als unter anderen?" Das Modell in Abb. 1 bietet eine Systematik für diejenigen Faktoren und die zwischen ihnen bestehenden Relationen, die für differentielle Lernerfolge kausal verantwortlich gemacht werden. Diese Faktoren sind aber gerade *keine* Beobachtungsbegriffe, sondern abstrakt(er)e Konzepte. „Professionswissen", „Klassenführungskompetenz", „Prozessqualität des Unterrichts" sind im Unterschied zu „Schwänen", „Tischen", „Laptops" und vielem anderen mehr nichts mit unseren Sinnen Wahrnehmbares.

Die Frage stellt sich deshalb, was solche Begriffe genau bedeuten und wie diese Bedeutungen konstituiert und fixiert werden. Vor allem muss klar sein, in welchem Verhältnis solchermaßen wissenschaftliche Begriffe zu Beobachtungsbegriffen stehen, denn wenn das nicht gelingt, kann man Theorien, die abstrakte Begriffe enthalten, schlechterdings nicht empirisch prüfen! Empirische Prüfbarkeit und die damit verbundene Möglichkeit, dass Theorien an der Erfahrung scheitern können, ist *Poppers* zentrales Kriterium für die Abgrenzung zwischen Wissenschaft und Pseudowissenschaft (vgl. hierzu auch Wendel 2007).

2.4 Wertfreiheit und Anwendungsfragen

Nach den beschriebenen Prinzipien kann man nun das Geschäft der Wissenschaft betreiben, das im Kern – nach wie vor – in der Wahrheitssuche besteht. Auch wenn absolute Wahrheit nicht zu haben ist, so können Theorien nach kritisch-rationaler Auffassung falsifiziert werden. Das geschieht, wie wir jetzt noch etwas genauer sagen können, durch Falsifikation von Beobachtungssätzen, die auf Basis einer Theorie und konkreten Antecedensbedingungen abgeleitet werden (Operationalisierung). Das so generierte wissenschaftliche Wissen bildet einen Bestand an gut bewährten Theorien (sowie falsifizierten Theorien). Gegenüber dem persönlichen, subjektiven Wissen, das jeder von uns besitzt, ist wissenschaftliches Wissen objektiv; und dieser Objektivitätsanspruch ist ebenfalls zentral für die kritisch-rationale Wissenschaftsauffassung, die sich hierin von historistischen und i. e. S. konstruktivistischen Ansätzen abgrenzt.[10]

Vor dem Hintergrund desselben Objektivitätsanspruchs *beschränkt* sich die kritisch-rationale Wissenschaft zudem auf die Suche nach objektiver Erkenntnis. Aussagen, die nicht prinzipiell wahrheitsfähig sind, gehören deshalb nicht zum wissenschaftlichen Wissen. Daraus resultiert wiederum das auf *Max Weber* zurückgehende Wertfreiheitspostulat (vgl. Weber 1917/1988). Dieses Postulat ist allerdings zu erläutern, denn zum einen ist zu klären, was damit genau ausgeschlossen ist, zum anderen ist auch zu beachten, dass es nicht für die Wissenschaft als Ganze gilt, sondern nur für ihr Produkt in Form der genannten Wissensbestände.

Wahrheitsfähig sind alle Aussagen, die ein Sein oder Nichtsein behaupten und die empirischer Prüfung zugänglich sind. Wir sprechen hier auch von *deskriptiven* Aussagen. Davon zu unterscheiden sind insbesondere *normative* Aussagen, wozu typischerweise Imperative und moralische Normen gehören. Über diese lassen sich zwar auch rationale Diskurse führen, aber sie sind eben nicht wahrheits-, sondern allenfalls konsensfähig. Sie haben auch nicht ein Sein oder Nichtsein zum Gegenstand (wenngleich sie sich natürlich auf reale oder ideale Gegebenheiten beziehen), sondern ein Sollen bzw. Nichtsollen.

Wertungen im engeren Sinne sind im Unterschied zu den beiden genannten Aussageformen solche, in denen der Sprecher Auskunft über seine Einstellung gibt, etwa wenn man sagt: „Dieses Bild finde ich schön“ oder „Diese Musik verabscheue ich“. Der Volksmund sagt: „Über Geschmack lässt sich nicht streiten“, und so sind diese Aussagen weder wahrheits- noch im strengen Sinne konsensfähig. Natürlich mögen Menschen in ihren Werturteilen übereinstimmen, und man kann auch Gründe für persönliche Vorlieben abgeben. Aber es gibt keine intersubjektiv verpflichtenden Gründe, wie das bei der Moral der Fall ist. Moralische Gebote verpflichten prinzipiell alle, nicht nur den Sprecher, und moralische Begründungen zielen gerade darauf ab, anderen diese moralische Verpflichtung zu verdeutlichen (Albert 1978, S. 31). Obwohl es sich bei Wertungen und Normen um verschiedene Aussagearten handelt, werden sie im wissenschaftstheoretischen Zusammenhang oft allgemein als Wertur-

[10] N. B.: Mit dem erkenntnistheoretischen Fallibilismus und dem methodologischen Kritizismus als Fundamenten wissenschaftlichen Arbeitens ist der Kritische Rationalismus auch eine Art von Konstruktivismus, aber nicht zu verwechseln mit denjenigen Paradigmen, die sich selbst als Konstruktivismen bezeichnen (s. Abschn. 4.5; vgl. auch Minnameier 1997a; 1997b).

teile bezeichnet und als solche von wahrheitsfähigen und damit wissenschaftlichen Aussagen im Sinne des Kritischen Rationalismus abgegrenzt.

Wie erwähnt, behauptet der Kritische Rationalismus nicht die Wertfreiheit der Wissenschaft insgesamt, sondern genau genommen nur die Wertfreiheit ihrer Aussagen über die Realität, und das sind die Theorien (Albert 1972a). Es verbleiben jedoch zwei Bereiche, in denen Wertungen (und Normen) durchaus auch unter dem Dach der Wissenschaft vorkommen (dürfen). Der eine betrifft *Werturteile im Objektbereich*. Die Erziehungswissenschaft bezieht sich auf Lehrer- und Schülerhandeln und vieles andere mehr, in dem die betreffenden Personen Wertaussagen und Normen formulieren, die selbstredend wissenschaftlich thematisiert werden können (und müssen). Sie sind als von den Akteuren getätigte Äußerungen aber empirische Fakten, die man beschreiben und analysieren kann, ohne das man sie sich selbst zu eigen machen müsste. Die Wissenschaft nimmt hier also nur metasprachlich Bezug auf Normen und Wertungen.

Der zweite Bereich betrifft die *Wertbasis der Wissenschaft*. In der Wissenschaftstheorie macht man sich Gedanken darüber, wie man sinnvollerweise Wissenschaft betreiben kann *und soll*! Mit anderen Worten: Hier geht es zwar um rationale Argumente und auch um handfeste Erkenntnisse (etwa psychologische Erkenntnisse über menschliche Erkenntnisfähigkeiten), aber die Entscheidung für den Kritischen Rationalismus als Forschungsparadigma hat normativen Charakter. Wie in der Moral gibt es zwar gute Gründe, warum man sich diesem Forschungsideal verpflichtet fühlen sollte, aber es ist und bleibt eine normative Entscheidung. Wissenschaftstheorie gehört damit zwar zur Philosophie, und sie baut auch auf objektives wissenschaftliches Wissen auf, aber sie produziert keines – jedenfalls kein wissenschaftliches Wissen im kritisch-rationalen Sinn. Wissenschaft kann daher nur in ihren objektsprachlichen Aussagen wertfrei sein.

Ein dritter Bereich, in dem ebenfalls Wertungen eine Rolle spielen, wurde bislang ausgeklammert, weil er nicht den Kern der Wissenschaft betrifft. Dies ist der Bereich der Anwendung wissenschaftlichen Wissens. Wertfreie Theorien lassen sich drei verschiedenen Typen von Anwendungen zuführen, nämlich „Prognose", „Erklärung" und „Technologie" (vgl. Abb. 3).

Hierbei stehen Großbuchstaben für theoretische Begriffe, Kleinbuchstaben für Beobachtungsbegriffe, „→" für die WENN-DANN-Relation, „∈" ist als Zuordnungsregel (Operationalisierung) zu verstehen bzw. als konkrete Subsumtion eines oder mehrerer Beobachtungssätze unter einen theoretischen Begriff, und „!" kennzeichnet eine Norm.

1. Prognose	2. Erklärung	3. Technologie
$A \rightarrow B$ gegeben a $a \in A$ $b \in B$	$A \rightarrow B$ gegeben b $b \in B$ $a \in A$	$A \rightarrow B$ gegeben !b $b \in B$ $a \in A$
gesucht b	gesucht a	gesucht !a

Abb. 3 Formen der Theorieanwendung (Quelle: Beck 2010, S. 377, adaptiert)

In Analogie zum HO-Schema können wir problemlos Prognose und Erklärung konstruieren. In beiden Fällen wird ein allgemeines Gesetz vorausgesetzt. Während bei der Prognose empirische Antecedensbedingungen gegeben sind, aus denen die Prognose als Konsequenz abgeleitet wird, ist bei der Erklärung eine mögliche Realisierung der Konsequenz als Explanandum gegeben. Zu beachten ist, dass Prognosen deduktive (also logisch notwendige) Konsequenzen aus Gesetz und den der WENN-Komponente subsumierten Antecedensbedingungen sind. Erklärungen sind dagegen lediglich logisch möglich, nicht notwendig!

Noch etwas anders gelagert ist der dritte Fall der Technologie. Sie ist der Erklärung insofern ähnlich als auch hier ein empirisches Element der WENN-Komponente gesucht ist. Allerdings ist „b" hier nicht als Explanandum faktisch gegeben, sondern wird vielmehr normativ angestrebt („!b" bedeutet „b soll realisiert werden!"). Es muss hier also immer eine Norm als Zielsetzung mitgedacht bzw. mit eingebracht werden (vgl. Albert 1978, S. 46). Mit Bezug auf Abb. 1 könnte etwa gefordert sein, dass bestimmte fachliche Kompetenzen bei den Lernenden aufgebaut werden. Und man könnte technologisch erschließen, dass hierfür unter anderem Unterricht in ausreichender Qualität und Quantität bereitgestellt werden müsste und die Lernenden dieses Angebot auch entsprechend nutzen müssten (was immer das im Einzelnen bedeutet).

Wenn man – idealisierend – davon ausgeht, dass alle zureichenden Bedingungen bekannt wären, die erfüllt sein müssen, damit die geforderten Kompetenzen aufgebaut werden, dann könnte man auf diese Weise den gewünschten Zustand sicher herstellen (soweit die Bedingungen faktisch erfüllbar sind). Dennoch würde aus der Forderung „!b" nicht zwingend folgen, dass man die hierfür erforderlichen Bedingungen herstellen muss. Der Grund besteht darin, dass der Zweck nicht die Mittel heiligt und man entsprechend vom angestrebten Ziel Abstand nehmen kann, wenn man die Mittel nicht akzeptiert und stattdessen lieber auf die Herstellung des Zielzustands verzichtet (vgl. hierzu ausführlich Beck 1992).

2.5 Kritik des Kritischen Rationalismus

Wie eingangs erwähnt, ist der Kritische Rationalismus immer noch das Paradigma, nach dem die empirischen Sozialwissenschaften in aller Regel verfahren, soweit sie nicht in der Tradition der geisteswissenschaftlichen oder emanzipatorischen Denkschule verankert sind (vgl. Kap. 4). Nichtsdestotrotz kann der Kritische Rationalismus aus philosophischer Sicht in einigen Punkten als überholt angesehen werden. Diese Punkte sollen im Folgenden erörtert werden.

Der *erste* und vielleicht wichtigste Einwand besteht in der sog. „*Quine-Duhem*-These". Diese besagt, dass man Theorien nicht nur nicht verifizieren, sondern auch nicht falsifizieren kann. *Pierre Duhem* hat dieses Prinzip zunächst für physikalische Theorien formuliert, *W. V. O. Quine* hat es später in „Zwei Dogmen des Empirismus" wie folgt verallgemeinert: „Jede beliebige Aussage kann als wahr aufrecht erhalten werden, was da auch kommen mag, wenn wir nur anderweitig in dem System ausreichend drastische Anpassungen vornehmen" (1951 / 1979, S. 47). Das bedeutet auch, dass nicht einzelne Aussagen oder Theorien an der Erfahrung scheitern, sondern nur ein ganzes System von Überzeugungen („web of beliefs") geopfert bzw. grundlegend umgearbeitet werden muss. Man bezeichnet dies auch als die *Quine*'sche Holismus-These. Schon die wissenschaftliche Alltagserfahrung lehrt, dass Theorien angesichts theoriewidriger Befunde nicht ohne weiteres aufgegeben werden. Stattdessen wird nach (Zusatz-)Erklärungen gesucht, durch die nicht theoriekonforme Beobachtungen so rekonstruiert werden, dass sie mit der betreffenden Theorie verträglich sind. Es ist also prinzipiell stets möglich, theoriewidrige Befunde durch Ad-hoc-Hypothesen (weg) zu erklären.

Thomas S. Kuhn (1962/2017) hat daraufhin – wie vor ihm bereits *Ludwik Fleck* (1935 / 1980) – die These vertreten, dass Theorien eine sozialintegrative Wirkung haben und so lange aufrechterhalten werden, wie Wissenschaftler sie sinnvoll vertreten und darin untereinander übereinstimmen können. *Kuhn* spricht deshalb von „Paradigmen", die durchaus nebeneinander bestehen können, aber wechselseitig inkompatibel sind. Sie begründen insofern verschiedene Kulturen, die man als „Scientific Communities" bezeichnet. Wird ein bestimmtes Paradigma zugunsten eines anderen aufgegeben, spricht *Kuhn* von „wissenschaftlichen Revolutionen", die aber eben nicht als Falsifikationen im *Popper*'schen Sinne zu verstehen sind. Der Wissenschaftstheoretiker *Imre Lakatos* (1974; 1978) spricht demgegenüber nicht von Paradigmen, sondern von „Forschungsprogrammen" und hat hierfür die Unterscheidung zwischen einem Theoriekern und einem ihn umgebenden Schutzgürtel (an Zusatzannahmen) eingeführt. Im Unterschied zu *Kuhn* hält *Lakatos* einen systematischen Vergleich von Theorien bzw. Forschungsprogrammen für möglich. Den Übergang von einer Theorie zur anderen betrachtet er auch nicht als einen eher sozial vermittelten Paradigmenwechsel, sondern als einen dialektischen Prozess. Neue Theorien müssen demnach gerade diejenigen Aspekte ihrer Vorgängertheorien systematisch zu integrieren erlauben, die sich zuvor als sperrig erwiesen haben. Anzumerken ist, dass *Popper* selbst Falsifikation nicht als unmittelbaren Vergleich theoretischer Folgerungen mit dem empirisch Gegebenem versteht, sondern als Vergleich mit theorieabhängigen und in einer Scientific Community akzeptierten Basissätzen versteht (vgl. Popper 1992).

Mit der Kritik am Falsifikationsprinzip scheitert freilich nicht das im Kritischen Rationalismus zentrale methodologische Prinzip eines konsequenten Kritizismus (Albert 1968/1991; 2011). Gescheitert ist jedoch *Poppers* Versuch, die Wissenschaftstheorie allein auf „deduktive Füße" zu stellen (s. Abschn. 2). Der Schluss auf die Annahme oder Ablehnung einer Theorie erfordert vielmehr eine *induktive* Inferenz, die darin besteht, dass ausgehend von einzelnen empirischen Beobachtungen (z. B. Testergebnissen) auf die Gültigkeit (oder Nicht-Gültigkeit) der in Frage stehenden Theorie für alle unter sie fallenden Sachverhalte geschlossen wird. Dabei extrapoliert man von den beobachteten Fällen auf alle nichtbeobachteten Fälle. Und das schließt selbst unbeobachtbare Fälle, die z. B. in der Vergangenheit liegen oder aus anderen Gründen faktisch nicht inspiziert werden können, mit ein.

Eines von *Poppers* Hauptargumenten richtete sich gegen die Induktion, die er als unzulänglich erachtete und womit er in einigen Punkten auch Recht hatte. Es gibt jedoch verschiedene Versionen des Induktionsprinzips bzw. dessen, was man als „Induktion" bezeichnet. Wenn es um die Frage der Annahme und Ablehnung einer Theorie geht, ist der Induktionsschluss aber wissenschaftlich und praktisch unverzichtbar (vgl. z. B. Minnameier 2004; Schurz 2007; Gabbay, Hartmann & Woods 2011).

Der *zweite* Kritikpunkt bezieht sich auf den Theoriebegriff, und hier vor allem auf die Vorstellung, Theorien bestünden in allgemeinen Gesetzen. Stellen wir uns vor, wir könnten die WENN- und DANN-Komponenten komplexer Zusammenhänge klar bestimmen, z. B. den Zusammenhang von Faktoren der Unterrichtsqualität mit dem Lernerfolg. Wir wüssten dann, dass der Lernerfolg, moderiert durch Intelligenz und Vorwissen, von Aspekten kognitiver Aktivierung und konstruktiver Unterstützung sowie vom Klassenklima abhängt. Genau solche Zusammenhänge werden auch empirisch untersucht. Wenn sich nun signifikante gesetzesartige Zusammenhänge dieser Art zeigen, so weiß man zwar, *dass* ein Zusammenhang besteht, jedoch nicht (unbedingt), *warum* und *worin* er besteht. Eine Theorie muss deshalb im Grunde mehr bieten als bloß einen gesetzartigen Zusammenhang zu postulieren. Wenn etwa gesichert ist, dass – sagen wir z. B. – Frontalunterricht im Allgemeinen zu schlechteren Lernerfolgen führt als andere Sozialformen des Unterrichts, so stellt sich die Frage, woran das liegt; und *hier* müssten wissenschaftliche Erklärungen ansetzen. *Earnan McMullin* trifft deshalb den Nagel auf den Kopf, wenn er sagt: „Laws are the explananda; they are the questions, not the answers" (1992, S. 90). Jedes Gesetz ist in diesem Sinne selbst erklärungsbedürftig, und gute Theorien behaupten deshalb nicht nur gesetzesartige Zusammenhänge, sondern erklären diese zugleich. Diese Unterscheidung zwischen *Theorien* und *Gesetzesaussagen* ist im Übrigen auch wichtig im Rahmen der Evaluationsforschung, wo man zwischen der Feststellung der *Wirksamkeit* einer Methode oder eines Programms und dessen *Wirkungsweise* unterscheidet. „Wirksamkeit" bezieht sich auf gesetzartige Zusammenhänge, „Wirkungsweise" auf deren Erklärung (vgl. Patry & Perrez 2000).

Hier wäre auch der Erklärungsbegriff als solcher eingehender zu analysieren, was allerdings im vorliegenden Kontext nur andeutungsweise geschehen kann (vgl. hierzu Minnameier 2017; Woodward 2017; s. auch Abschn. 3). Erklärungen im Sinne des HO-Schemas schließen von der Wirkung über das Gesetz zur Ursache *zurück*. Theoretische Erklärungen schließen jedoch von Gesetzen oder anderen Explananda (*vorwärts*) auf eine Theorie, die zunächst hypothetisch angenommen und dann empirisch geprüft wird. Dies lässt sich insbesondere unter Rückgriff auf *Charles Sanders Peirce* und sein Konzept der Abduktion verdeutlichen (zur kritischen Diskussion hierzu s. *Minnameier* 2004; 2017 sowie 2019). *Hempel* hat im Übrigen selbst zwischen nomologischen Erklärungen einerseits und theoretischen Erklärungen andererseits unterschieden (1965, S. 5–6).

Schließlich ist, *drittens*, auch das Wertfreiheitspostulat in seiner strengen Form zu hinterfragen. Wissenschaft soll sicherlich weder werten noch normieren. Aber es stellt sich die Frage, ob Wissenschaft nur darin besteht, *explanatorische* Theorien im eben angesprochenen Sinn hervorzubringen, oder ob es noch andere Theorieformen gibt, die mit Werten zu tun haben, ohne selbst zu werten. Zu denken ist hier insbesondere an Wissenschaften wie die Ethik oder ingenieurwissenschaftliche Disziplinen. In der Ethik etwa unterscheidet man deskriptive Ethik und normative Ethik. Erstere untersucht, ob es z. B. interkulturelle Unterschiede im ethischen Denken gibt, die aber lediglich beschrieben und aufgeklärt werden. Letztere untersucht, ob bestimmte Ethiken anderen überlegen und insofern „besser" sind, als sie Gerechtigkeitsprobleme zu lösen erlauben, die mit anderen ethischen Ansätzen gerade nicht zu lösen sind. Wenn man etwa eine Ethik entwickeln kann, die interkulturelle Konflikte aus einer übergreifenden Position heraus zu lösen gestattet, so ist dieser Ansatz einer kulturrelativistischen Ethik systematisch überlegen. Die Frage ist, ob eine solche Ethik nicht als wissenschaftliche Theorie zu verstehen ist.

Übungs- und Vertiefungsaufgaben zu Kapitel 2

1. Warum können Theorien über Feen und Elfen nicht den Anspruch erheben, wissenschaftliche Theorien im Sinne der Analytischen Philosophie bzw. des Kritischen Rationalismus zu sein?
2. Sind wissenschaftliche Theorien über die Seele bzw. das Seelenleben möglich?
3. Was bedeuten „Ontologie“ und „Epistemologie“, und inwiefern ist Letztere der Ersteren logisch nachgeordnet?
4. Im logischen Positivismus wurde der Bereich dessen, was als wissenschaftliche Aussagen gelten kann, stark eingeschränkt. Wie mussten wissenschaftlich Aussagen demnach formuliert sein?
5. Erklären Sie den Unterschied zwischen Beobachtungs- und Theoriesprache.
6. Versuchen Sie, die theoretischen Begriffe „Motivation“ und „Intelligenz“ in die Beobachtungssprache zu übersetzen.
7. Was ist damit gemeint, dass auch unsere elementaren Wahrnehmungen der Realität „theoriebeladen“ sind?
8. Warum müssen Theorien in Form vom Allsätzen formuliert werden?
9. Warum führen alle Versuche, Letztbegründungen zu formulieren, in das sog. Münchhausentrilemma, und welche der drei Möglichkeiten ist die einzig sinnvoll wählbare?
10. Erläutern Sie am Beispiel der Existenz „schwarzer Schwäne“, warum der Anspruch, Theorien zu beweisen (Verifikation), illusorisch ist.
11. Wie müsste man nach dem Falsifikationsprinzip vorgehen, um beispielsweise ein bestimmtes Konzept von Unterrichtqualität zu falsifizieren?
12. Handelt es sich bei der Äußerung „Arbeiten müssen ist doof!“ um eine Deskription, eine Norm oder eine Wertung?
13. In welchen Bereichen sind normative Aussagen in der Wissenschaft auch im Sinne des Kritischen Rationalismus möglich? Welche davon sind für wissenschaftliches Arbeiten sogar zwingend erforderlich?
14. Was bedeuten die Quine-Duhem-These und die Quine'sche Holismus-These? Überlegen Sie sich ein Beispiel aus dem Alltag, in dem theoriewidrige Beobachtungen durch Ad-hoc-Erklärungen theoriekompatibel gemacht werden.

3 Pragmatistische Weiterentwicklungen

3.1 Pragmatismus und das Projekt der Naturalisierung

Der Pragmatismus, der in der zweiten Hälfte des 19. Jahrhunderts entstand, gilt einerseits als Vorläufer des Kritischen Rationalismus, verlor jedoch andererseits in der ersten Hälfte des 20. Jahrhunderts an Bedeutung und hat diese erst in den letzten drei bis vier Dekaden wieder zurückgewonnen. Die Gründe für diese Entwicklungen seien im Folgenden grob skizziert.

Der Pragmatismus geht im Wesentlichen auf *Charles Sanders Peirce* (1839–1914) zurück, obwohl ihn seine beiden Schüler *William James* und *John Dewey* bekannter machten. Im Unterschied zu ihnen hatte *Peirce* nur eine halbe Stelle als Dozent für Logik an der John Hopkins University in Baltimore inne, und diese auch nur zwischen 1879 und 1884. Das umfangreiche und vielschichtige Werk von *Peirce* wurde erst lange nach seinem Tod systematisch aufbereitet und publiziert,[1] zuerst in den acht Bänden der „Collected Papers" (CP) (1935–1958) und schließlich in weiteren Sammelwerken, u. a. „Writings of Charles S. Peirce" (W) (1982–2009) und „Essential Peirce" (EP) (1992–1998).

Dewey und *James* gaben dem Pragmatismus eine psychologistische Wendung, in deren Rahmen der wissenschaftstheoretische Objektivitätsanspruch brüchig wurde. Theorien hatten im Kern nicht mehr „wahr" zu sein, sondern „nützlich". Sie galten als Ergebnisse menschlicher Problemlösungsprozesse. Ob sie über eine entsprechende Nützlichkeit hinaus auch objektiv „wahr" seien, ließe sich erkenntnistheoretisch jedoch gar nicht feststellen und müsse daher offenbleiben. Peirce' eigene Auffassungen haben mit diesem Pragmatismus „etwa so viel zu tun, wie Einsteins allgemeine Relativitätstheorie mit der Behauptung, alles sei relativ" (Schurz 1991, 115), weshalb *Peirce* selbst in Abgrenzung zu James und anderen seine Position – etwas sperrig – als „Pragmatizismus" bezeichnete (CP 5.414).

Der Pragmatismus war jedenfalls diskreditiert und spielte daher der in der entstehenden Analytischen Philosophie zunächst keine Rolle. Auch der Versuch *Hansons* (1958), in Anknüpfung an *Peirce* mit der „Abduktion" eine Logik wissenschaftlicher Entdeckungen zu begründen, verpuffte zunächst, weil man sich an streng formalisierten und idealisierten Systemen abarbeitete und sich dabei in diesem Sinne ausschließlich an deduktiver Logik orientierte. Ja, „Logik", war lange Zeit gleichbedeutend mit deduktiver Logik (vgl. hierzu z. B. *Poppers* Kritik der Induktion).

[1] Ein Teil dieser Texte wurde zwar in Fachzeitschriften veröffentlicht, aber das Werk enthält auch Vorlesungs- und andere, teils handschriftliche Manuskripte sowie Briefe.

Wie schon erläutert hat sich aber weder Poppers Auffassung, Theorien entstünden in einem spontanen Akt (der nichts mit Logik zu tun habe!), halten lassen, noch diejenige, dass die Evaluation von Theorien ohne Induktion auskomme (weil der Falsifikationismus selbst widerlegt wurde). Hinzu kam das Projekt der Naturalisierung von (zunächst) Erkenntnis (vgl. Quine 1969; 1990) und (später) Logik (vgl. Woods 2013; 2016). Diese Entwicklungen führen zu einer Position, die man als „pragmatistischen Naturalismus" bezeichnen könnte (Kitcher 2013).

3.2 Abduktion, Deduktion und Induktion

Peirce hat die Abduktion als dritte Schlussweise neben der Deduktion und der Induktion in die moderne Wissenschafts- und Erkenntnistheorie eingeführt und seine Konzeption des Zusammenwirkens der drei Inferenzen in seiner Schaffenszeit weiterentwickelt sowie z. T. substantiell verändert. Nicht zuletzt deshalb haben sich im neueren Schrifttum verschiedene Konzepte von „Abduktion" herausgebildet, die im Kern zwei wechselseitig inkompatible Verständnisse umfassen (vgl. Minnameier 2004; 2005; Paavola 2006):

1. Abduktion als Schluss von erklärungsbedürftigen Fakten auf eine oder mehrere mögliche Theorien als Erklärungen. Dieses Konzept geht in der neueren Diskussion auf *Hanson* (1958 / 1965) zurück.
2. Abduktion als Schluss auf die beste Erklärung („Inference to the Best Explanation; oft entsprechend als „IBE" abgekürzt). Dieses Konzept geht in der neueren Diskussion auf *Harman* (1965) zurück.

Abduktion im ersten Sinne entspricht auch dem Verständnis des reifen Peirce, wie er es etwa ab der Wende zum 20. Jahrhundert vertreten hat. Und dieses Konzept von Abduktion ist das eigentlich interessante, denn Abduktion im zweiten Sinne repräsentiert letztlich eine bestimmte Form der Induktion, da es ja hier um die Evaluation bereits vorliegender Theorien geht, nicht um deren Generierung (vgl. Minnameier 2004; 2017). Vor diesem Hintergrund lassen sich die drei Inferenzen und ihr Zusammenwirken folgendermaßen spezifizieren:

Abduktion bezeichnet den Schluss von erklärungsbedürftigen Fakten auf eine bzw. mehrere mögliche Erklärungen. Erklärungsbedürftig sind Fakten, wenn sie unseren Erwartungen widersprechen und insofern als überraschend wahrgenommen werden. Die Lösung besteht in einer Theorie, welche die Faktenlage erwartbar machen würde. Die Theorie kann dabei jedoch wahr oder falsch sein – das bleibt bei der Abduktion (noch) offen. Mit Hilfe der Phlogistontheorie hat man bspw. bis ins 18. Jahrhundert hinein versucht zu erklären, wie Verbrennung funktioniert. Danach entweicht bei der Verbrennung ein bestimmter Stoff, eben das angenommene Phlogiston. Das erklärt im Prinzip, warum Volumen und Gewicht der brennbaren Gegenstände gegenüber der am Ende verbleibenden Asche viel größer sind, und was es mit dem Feuer als solchem auf sich hat. Die Theorie erbringt somit eine spezifische Erklärungsleistung, aber sie ist bekanntlich falsch.

Unabhängig von der Frage, ob man zur damaligen Zeit hätte wissen können, dass die Theorie falsch ist, muss man beachten, dass die Abduktion als solche keine Aussage über Wahrheit oder Falschheit gestattet. Ein valider abduktiver Schluss führt lediglich zu einem Urteil über die prinzipielle Erklärungsleistung einer Theorie, also ob damit das Ausgangsproblem zum Verschwinden gebracht wird oder nicht.

Deduktion bezeichnet den Schluss von Prämissen auf Folgerungen, die sich *notwendig aus den Prämissen ergeben (unabhängig davon, ob die Prämissen selbst wahr oder falsch sind). Deduktive Schlüsse sind deshalb prinzipiell nicht gehaltserweiternd, d. h. aus den Prämissen lässt sich nichts deduzieren, was nicht schon in den Prämissen (implizit) enthalten ist. Dass 2 + 2 gleich 4 ist, ergibt sich notwendig aus den Regeln der Arithmetik. Jede Berechnung entspricht insofern einer Deduktion. Per Deduktion lassen sich aus Theorien und zusätzlichem Hintergrundwissen aber auch experimentelle Bedingungen für die empirische Überprüfung von Theorien ableiten. Aus der neoklassischen Theorie ergibt sich etwa (deduktiv), dass die Verknappung eines Gutes bei gleichbleibender Nachfrage notwendig zu einer Preissteigerung führt. Empirisch müsste das entsprechend für die Reaktion der Getreidepreise auf Missernten gelten (vor allem in Zeiten vor Einführung der Kartoffel, als der Getreidemangel weder substituiert, noch durch umfangreichen Fernhandel kompensiert werden konnte). Deduktiv valide Schlüsse ergeben allerdings nur „logische Wahrheit" (gemeint ist eigentlich deduktionslogische Wahrheit), weil die Ergebnisse ja nur mit Notwendigkeit aus den Prämissen folgen, die aber selbst falsch sein können. Das gilt – wie z. B. bei der Phlogistontheorie – für die zentralen theoretischen Prämissen, aber ebenso für alle zusätzlichen Prämissen, aus denen man deduktive Schlüsse zieht.*

Induktion bezeichnet schließlich den Schluss von empirischen Beobachtungen auf die Annahme oder Ablehnung einer Theorie (oder dass man auf Basis der bisherigen Ergebnisse weder auf Annahme noch Ablehnung schließen kann). Wird eine Theorie angenommen, wird der Aussagegehalt der betreffenden Theorie auf alle Fälle ihres Referenzbereichs übertragen bzw. generalisiert (und zwar die vergangenen, die aktuell getesteten und ungetesteten sowie alle zukünftigen Fälle). Induktive Schlüsse sind insofern, ebenso wie abduktive (aber auf andere Weise), gehaltserweiternd. Valide sind induktive Schlüsse genau dann, wenn die Theorie einerseits die relevanten Fakten erklärt, wenn aber andererseits keine plausible Erklärungsalternative vorliegt bzw. alle Alternativen ausgeschlossen werden können.

Es leuchtet unmittelbar ein, dass der Inhalt eines induktiven Schlusses stets nur vorläufig bzw. bis auf weiteres gelten kann, da der Schluss mit jeder neuen relevanten Erfahrung revisionsbedürftig werden kann. Anders gesagt: Jede neue theorierelevante Erfahrung stellt nicht nur einen Anwendungsfall für die Theorie dar, sondern zugleich einen Testfall, durch den die Theorie sowohl (erneut) belegt als auch problematisiert oder gar widerlegt werden kann. Das kann freilich nicht im strengen Sinne des Falsifikationsprinzips geschehen, aber im Sinne einer Dekohärenz von Fakten und Theorie. Ebenso könnten neue Theorien vorgeschlagen werden.

Wohlgemerkt: Dies ist die pragmatistische Deutung der Induktion, und auch in diesem engen paradigmatischen Bezug gibt es uneinheitliche Auffassungen, auf die im vorliegenden Band aber nicht näher eingegangen werden kann (vgl. hierzu Gabbay, Hartmann & Woods 2011; da Costa & French 1989). Besonders hervorgehoben sei aber der charakteristische Grundzug des (i. w. S. Peirce'schen) Pragmatismus als solchem: Alle Erkenntnis wird aus (problematischen) Erfahrungen heraus gewonnen und ebenso anhand solcher Erfahrungen geprüft. Erfahrungsunabhängige Erkenntnis gibt es danach nicht!

Eine Präzisierung zur Abduktion sei jedoch noch ergänzt: Erklärungsbedürftig im abduktiven Sinn sind Fakten nicht immer, wenn sie der gewöhnlichen Erwartung widersprechen. Nehmen wir das Beispiel eines Zaubertricks, bei dem man sich z. B. nicht erklären kann, wie der Hase in den Hut gelangte, aus dem ihn der Magier am Ende zieht. Als geübte Beobachter derartiger Vorführungen sind wir vielleicht angesichts der Kunstfertigkeit des „Zauberers" beeindruckt, aber nicht wirklich davon überrascht (selbst dann nicht, wenn wir keine Erklärung dafür haben, wie der Trick funktioniert). Das zeigt, dass *Inkonsistenz* allein keine hinreichende Bedingung für die Konstitution eines abduktiven Problems darstellt, sondern zusätzlich *Inkohärenz* vorliegen muss. Inkonsistenzen sind verkraftbar, wenn sie sich trotzdem zu einem kohärenten Gesamtbild integrieren lassen (hier in der Vorstellung, dass irgendein Trick dabei ist, den wir nur noch nicht durchschauen). Dekohärieren Beobachtungen und Hintergrundwissen jedoch, so müssen sie durch Abduktion reintegriert werden. *Kohärenz* ist daher das zentrale Kriterium für die Validität abduktiver Schlüsse (und *Inkohärenz* für das Vorliegen abduktiver Probleme) (vgl. hierzu Minnameier 2019).

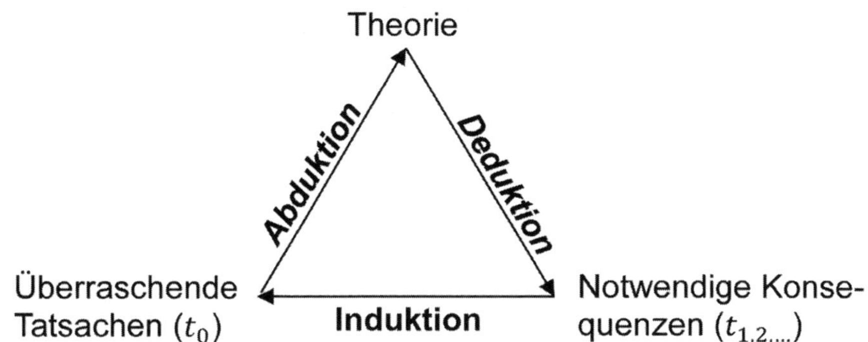

Abb. 4 Der dynamische Zusammenhang von Abduktion, Deduktion und Induktion

In Abb. 4 ist der klassische Fall erklärender Theorien angesprochen. Nach dem gleichen Prinzip lassen sich sich jedoch auch Erkenntnisentwicklungen im technologischen Bereich analysieren. Hier steht eine Gestaltungsfrage im Vordergrund (etwa bei allen i. e. S. technischen Problemstellungen, aber auch z. B. bei der Frage nach effizienten Vermittlungsstrategien). Für sie muss ein Ansatz *abduziert* werden, von dem ausgehend dann *deduktiv* Konsequenzen ableitbar sind, auf deren Basis die technologische Adäquatheit *induktiv* zu beurteilen wäre.

Weiterhin ist zu beachten, dass jede Inferenz nach Peirce (CP 2.442–444) aus drei Teilprozessen besteht (vgl. auch Minnameier 2005 sowie 2017): der *Kolligation*, der *Beobachtung* und dem *Urteil*.

(1) Die *Kolligation* („colligation“) bezieht sich auf die Zusammenstellung der jeweils relevanten Prämissen.

(2) Im zweiten Schritt werden die Prämissen (geistig) betrachtet bzw. *beobachtet* („observation“), um ein jeweils inferenzspezifisches Ergebnis hervorzubringen, das im Rahmen der Beobachtung spontan generiert wird.

(3) Schließlich folgt mit dem *Urteil* („judgment“) der eigentliche Schluss, indem das Ergebnis rückschauend einer Prüfung unterzogen und im Hinblick auf das jeweilige Validitätskriterium beurteilt wird.

Mit den drei Inferenzen ist der Wissenserwerbsprozess in seiner inneren Logik vollständig rekonstruierbar, d. h. der gesamte Prozess vom Entdeckungs- bis zum Begründungszusammenhang sensu Reichenbach wird dadurch erfasst. Und durch die Differenzierung der inferentiellen Teilschritte gilt dies sogar für die Elemente des jeweiligen Denkprozesses. Jeder einzelne gedankliche Schritt, ob korrekt oder fehlerhaft, wird damit für sich genommen nachvollziehbar und ggf. kritisierbar.

3.3 Positive, präskriptive und normative Theorien

Der eben dargestellte Fall explanatorischer Theorien stellt gewissermaßen den Standardfall wissenschaftlicher Theorien dar, insbesondere den Standardfall naturwissenschaftlicher Erklärungen, an dem sich die Wissenschaftstheorie lange Zeit orientiert hat. Vor dem Hintergrund der antimetaphysischen Grundhaltung des Logischen Positivismus und des auf *Max Weber* zurückgehenden Wertfreiheitsprinzips, hat man sich auch in den Sozialwissenschaften in weiten Teilen diesem naturwissenschaftlichen Ideal verschrieben, zumindest in der Analytischen Philosophie und speziell im Kritischen Rationalismus.

„Wahre Wissenschaft" hatte damit nur die Welt zu beschreiben und zu erklären. Alles andere galt als Fragen der Anwendung wissenschaftlicher Theorie (z. B. im technologischen Sinne), wurde aber nicht selbst als Gegenstand wissenschaftlicher Erkenntnis aufgefasst (vgl. z. B. Beck & Krapp 2006). Diese Sichtweise wurde jedoch insbesondere durch zwei Entwicklungen erschüttert. *Zum einen* hat man erkannt, dass selbst positive, explanatorische Theorien nicht völlig wertfrei sein können, weil Deduktion – auf die allein man sich ja im Kritischen Rationalismus stützen wollte – nur logische Wahrheiten liefert, aber keine empirischen (vgl. z. B. Putnam 2002; siehe auch Alegre 2013; Minnameier 2004; 2017). Wie oben gezeigt, ist dazu vielmehr ein zusätzlicher induktiver Schritt notwendig, der eine Wertung darüber impliziert, wann wir eine Aussage als wahr akzeptieren wollen und wann nicht. Diese Entscheidung erfolgt zwar nicht willkürlich, aber eben gemäß den Kriterien, die wir für die Vergabe der *Wahrheitswerte* „wahr" und „falsch" zugrunde legen. Auch variieren diese Kriterien je nach wissenschaftstheoretischem Paradigma. Der *Popper*'sche Falsifikationismus ist ein solcher Ansatz, der pragmatistische Induktivismus ein anderer. Wenn man eine Theorie als einer anderen überlegen einschätzt und sie insofern für „besser" hält, so drückt dieses „besser" tatsächlich ein – wenngleich begründbares – Werturteil aus.

Zum anderen hat sich gezeigt, dass mit der Einschränkung von Wissenschaft auf positive Theorie (zu) vieles ausgeschlossen wird, das faktisch zur Wissenschaft, wie sie heute organisiert ist, gehört. Ingenieurwissenschaften würden vor diesem Hintergrund zu angewandten (also nicht genuinen) Wissenschaften „degradiert" und Ethik auf deskriptive Ethik „reduziert", die nur mehr beschreiben dürfte, welche ethischen Auffassungen von Menschen, Gemeinschaften oder Kulturen vertreten werden, aber keine Aussagen über die Vorzugswürdigkeit bestimmter ethischer

Theorien machen dürfte.[2] „Ethische Theorien" – in einem nicht-metaphorischen, substantiellen Sinn – dürfte es demzufolge gar nicht geben.

Daher kann die Beschränkung von Wissenschaft auf positive Theorie heute als überholt gelten. Stattdessen muss man wohl strukturell verschiedene Forschungsfragen differenzieren, die jedoch ihre je eigene Dignität haben (Putnam 2015; s. auch Gabbay & Woods 2005; Kitcher 2011; Hands 2012). In den Bezugsdisziplinen der Berufs- und Wirtschaftspädagogik zeigt sich das nicht nur anhand der Unterscheidung von Natur- und Ingenieurwissenschaften, sondern auch in den Wirtschaftswissenschaften, wo man – speziell im Kontext der Rational-Choice-Theorie – zwischen positiver und normativer Theorie unterscheidet.

Nachfolgend wird eine Taxonomie solch strukturell verschiedener Forschungsfragen präsentiert, die an anderer Stelle vorgeschlagen wurde (Minnameier [eingereicht]) und auch hier zur Diskussion gestellt wird, weil sie auch für das Verständnis von Erziehungswissenschaft im Allgemeinen und Berufs- und Wirtschaftspädagogik im Besonderen von hoher Relevanz ist. Die Taxonomie fokussiert dabei auf den Bereich der Sozialwissenschaften, ihre Grundstruktur ist aber prinzipiell auf alle Wissenschaften übertragbar. Sie erlaubt es, systematisch Disziplinen bzw. Teildisziplinen voneinander abzugrenzen, aber auch Beiträge verschiedener Disziplinen zu ein und derselben Fragestellung bzw. zu verwandten Forschungsfragen systematisch aufeinander zu beziehen. Sie kann insofern auch eine Orientierung für interdisziplinäre Forschung bieten, insbesondere wenn es um die Frage geht, ob man parallel an derselben Fragestellung arbeitet, oder an verschiedenen, die jedoch in spezifischer Weise aneinander anknüpfen oder aufeinander aufbauen.

Die in Abb. 5 dargestellte Taxonomie umfasst zwei Dimensionen. In *horizontaler Richtung* werden drei wissenschaftliche Domänen differenziert, die nach je spezifischen regulativen Prinzipien arbeiten, die für ein je spezifisches Erkenntnisinteresse stehen. Explanatorische bzw. positive Theorien versuchen, Phänomene zu erklären, also warum die Dinge (oder im vorliegenden Fall: die Menschen) sich so verhalten, wie sie es tun. Technologische Theorien sind der Frage gewidmet, wie man bestimmte Ziele (optimal) erreichen kann und wie entsprechend strategisch klug zu handeln ist. Während für technologische Theorien Werte bzw. Ziele vorgegeben sein

[2] Hierzu ist anzumerken, dass besonders *Hans Albert* schon frühzeitig versucht hat, unter dem Aspekt von Konstruktion und Kritik auch eine kritisch-rationale Ethik zu konzipieren und Ethik nicht sozusagen aus dem wissenschaftlichen Geschäft zu verbannen. Normative Fragen werden in dieser Konzeption jedoch stets nur als normative Faktizität aufgegriffen, die man aus dem Objektbereich gesellschaftlicher Diskurse als Input aufnimmt und unter analytischen Aspekten erörtert (vgl. hierzu etwa Albert 1968/1991, S. 88–95). Mit einer normativen Ethik als Wissenschaft hat sich der Kritische Rationalismus aber immer schwer getan (vgl. z. B. Stelzer 2013); und das zeigt sich auch noch beim späten *Albert* (2011).

müssen, deren Erreichung bzw. Erreichbarkeit lediglich in Frage steht, fragen ethische Theorien nach dem, was man eigentlich anstreben soll bzw. was als erstrebenswert gelten kann.

Theoret. Perspektive (Regulatives Prinzip): *Soziale Perspektive:*	*Explanatorisch (Wahrheit)*	*Technologisch (Effektivität)*	*Ethisch (Gutes Leben)*
Intra-individuell (Entscheidungs-theorie [ET])	Positive ET (Verhaltens-ökonomik)	Präskript. ET (Rationalwahl)	Normative ET (Werte, Tugenden)
Inter-individuell (Spieltheorie [SpT])	Positive SpT (Verhaltens-ökonomik)	Präskript. SpT (Nichtkooperative SpT)	Normat. SpT (Kooperative SpT)
Trans-individuell (Theorie sozialer Systeme [SST)	Positive SST (Makro-ökonomik)	Präskript. SST (Institutionen-ökonomik)	Normat. SST (Gerechtigkeits-theorien)

Abb. 5 Eine Taxonomie für Sozialwissenschaften (hier mit Fokus auf ökonomische bzw. ökonomisch relevante Disziplinen)

In *vertikaler Richtung* werden drei soziale Perspektiven beschrieben. Die intra-individuelle Perspektive fokussiert auf den einzelnen Akteur (der im Übrigen auch ein institutioneller Akteur sein kann), der in einer bestimmten Umwelt handelt bzw. Entscheidungen treffen muss. Die soziale wie die gegenständliche Umwelt wird dabei insgesamt als die Gesamtheit der Restriktionen aufgefasst, denen der Akteur ausgesetzt ist. Positive Entscheidungstheorie versucht dabei zu erklären, warum sich Menschen wie verhalten – warum manche z. B. Drogen nehmen, obwohl sie selbst wissen, dass sie ihnen schaden; warum es Menschen vorziehen, mit Sicherheit 100 Euro zu bekommen als mit 10%iger Wahrscheinlichkeit 1.000 Euro, obwohl der Erwartungswert der gleiche ist, und anderes mehr. Man versucht dabei die Rationalität der Entscheidungen zu rekonstruieren (auch wenn die Entscheidungen zunächst als irrational erscheinen mögen). Präskriptive Entscheidungstheorie fragt danach, welche Entscheidung für einen Akteur *unter gegebenen Restriktionen* und *gegebenen Präferenzen* die beste ist (wobei die „beste" hier bedeutet, dass sie nutzenmaximierend ist). Während bei präskriptiver Entscheidungstheorie daher die Präferenzen feststehen (müssen), fragt normative Entscheidungstheorie gerade danach, welche Präferenzen ein Akteur sinnvollerweise haben sollte. Wenn z. B. Eltern gemeinsam mit ihren Kindern überlegen, welches Studium Letztere aufnehmen (oder ob sie überhaupt studieren) sollten, so kann man dabei präskriptive und normative Aspekte unterscheiden: Präskriptive Überlegungen wären darauf gerichtet, ob man mit dem betreffenden Studium seine Ziele erreichen kann. Normative Überlegungen richten das Augenmerk dagegen auf die Frage, ob das Studium der eigenen Persönlichkeit entspricht, ob man in einem bestimmten Beruf glücklich werden würde etc.

Auf der inter-individuellen Ebene (der Spieltheorie) wird die soziale Umwelt nicht mehr nur als Set von Restriktionen aufgefasst, sondern als ein Set von rationalen Akteuren. Hier richtet sich das Augenmerk folglich auf deren Interaktion, wobei jeder Akteur berücksichtigen muss, wie andere Akteure auf seine Entscheidungen reagieren und wie sie seine Präferenzen und Orientierungen einschätzen. Wieder erklärt positive Theorie solche Interaktionen, präskriptive Theorie ermittelt, wie sich Akteure strategisch klug verhalten können, und normative Theorie widmet sich der Frage, was für betrachtete Gruppe von Akteuren insgesamt am besten wäre. Hierin besteht der zentrale Unterschied zwischen dem, was in der Ökonomik als „kooperative" respektive „nicht-kooperative" Spieltheorie bezeichnet wird. Kooperative Spieltheorie fragt, worauf sich rationale Akteure einigen können müssten, weil es für sie insgesamt am besten wäre, nicht-kooperative Spieltheorie fragt dagegen was jeder Einzelne unter der Bedingung tun muss, dass auch der andere rational entscheidet und seinen Nutzen maximiert. Für das originäre Gefangenendilemma ergibt sich aus Sicht der kooperativen Spieltheorie entsprechend, dass beiderseitige Kooperation für die Akteure die beste Lösung wäre; aus Sicht der nicht-kooperativen Spieltheorie ergibt sich jedoch, dass es für beide vorteilhaft ist zu defektieren.

Auf der trans-individuellen Ebene schließlich fragt man nach dem Verhalten sozialer Systeme und der Wirkung entsprechender Regulative, wobei die Systeme auf dieser Ebene gerade nicht mehr als Interaktion von Individuen aufgefasst wird. Die Makroökonomik (als positive SST) z. B. beschäftigt sich mit Fragen der Preisbildung, der Geldwert- und Wachstumsentwicklung ohne Rekurs auf die strategische Interaktion von Individuen. Präskriptive SST fragt, wie man solche Systeme sinnvoll gestalten kann, um beispielsweise die Inflation zu bekämpfen, aber auch um die Spielregeln so zu verändern, dass sich auf der Ebene der Interaktion andere Ergebnisse einstellen (können). Dies ist das Feld der Institutionenökonomik, die als Beispiel für präskriptive SST in Abb. 4 genannt ist. Institutionenökonomisch lässt sich auch das Problem lösen, das im vorherigen Absatz anhand des Gefangenendilemmas dargestellt wurde. Es wird entsprechend danach gefragt, wie man die soziale Situation verändern muss, damit die Akteure tatsächlich den für sie besten Zustand erreichen können.

Die Institution des wechselseitigen sanktionsbewehrten Versprechens gestattet den Gefangenen genau dies, wobei freilich zu berücksichtigen ist, dass im Setting des originären Gefangenendilemmas diese Möglichkeit gerade ausgeschlossen ist (weshalb es eben ein Dilemma ist und bleibt). Im größeren Zusammenhang ist das Gefangenendilemma aber gerade zentraler Inhalt von Regelungen, die gesellschaftliche Kooperation allererst ermöglichen. Die in der Europäischen Union geltende Kronzeugenregel bei der Aufdeckung von Kartellen ist ein wirksames Mittel zur Aufdeckung und Prävention von Kartellen, d.h. sie zwingt Unternehmen, die Kooperation untereinander aufzugeben und genau dadurch mit der Gesellschaft als ganzer zu kooperieren. Ebenso zwingt die Institution des Wettbewerbs als zentrales Element der Marktwirtschaft die Unternehmen zur Kooperation mit der Gesellschaft, nämlich dadurch, dass sie Güter und Dienstleistungen in möglichst hoher Qualität zu möglichst niedrigen Preisen anbieten (was sie unter weniger restriktiven Bedingungen nicht tun würden). Man sieht, dass Regulierung im Bereich der präskriptiven SST die Spielregeln so verändert, dass die Akteure im Bereich der nichtkooperativen Spieltheorie so agieren (können), dass sie gemeinsam ihren Nutzen maximieren und dilemmatisch Situationen überwinden.

Normative SST schließlich fragt nicht nur, was für eine bestimmte Gruppe am besten ist (das entspräche der kooperativen Spieltheorie), sondern was *gerecht* ist. Aus der Wohlfahrtsökonomik etwa ist bekannt, dass es verschiedene Möglichkeiten für gruppenbezogene Optimalität gibt (was dort als „Effizienz" bezeichnet wird). Die Frage wäre dann aber, welche dieser Möglichkeiten aus gesellschaftlicher Sicht zu wählen wäre. Darüber hinaus wird in der Debatte um soziale Gerechtigkeit sogar darüber diskutiert, ob Effizienz überhaupt eine notwenige Bedingung für die Frage nach der Gerechtigkeit ist, oder ob nicht auf Effizienz zugunsten der Gerechtigkeit (wenigstens partiell) zu verzichten ist (vgl. hierzu z.B. Konow 2003; Hausman, McPherson & Satz 2017).

Man sieht, es gibt viele verschiedene Fragestellungen, die allesamt einer bestimmten Rationalität folgen und die somit auch als „wissenschaftlich" einzustufen, aber eben systematisch voneinander verschieden sind. Eine wichtige Folgefrage, der wir uns im nächsten Abschnitt widmen möchten, ist die, wie man die Berufs- und Wirtschaftspädagogik als erziehungswissenschaftliche Teildisziplin in diese Taxonomie einzuordnen hätte.

3.4 Erziehungswissenschaft als technologische Disziplin

Der zuletzt genannte Punkt ist nicht rein akademischer Natur. Ganz im Gegenteil! Für die Erziehungswissenschaft wirft er die zentrale Frage nach ihrem Selbstverständnis auf. Besonders aus Sicht der kritisch-rational geprägten bzw. am naturwissenschaftlichen Ideal orientierten Erziehungswissenschaft wird sie eher als eine Anwendungswissenschaft gesehen, gerade auch dann, wenn ihre Relevanz für die Lösung praktischer Gestaltungsprobleme hervorgehoben bzw. angemahnt wird (Burkhardt & Schoenfeld 2003). Das wird (bzw. wirkt) auch verständlich, wenn man die Aufgaben der Erziehungswissenschaft gemäß Abb. 3 (s. Seite 17) versteht und hier den technologischen Aspekt im Vordergrund sieht. Technologien werden im Kritischen Rationalismus entsprechend als Anwendungen allgemeiner Gesetze aufgefasst (vgl. z. B. Albert 1972b).

Man kann jedoch die Frage stellen, ob Erziehungswissenschaften wirklich nur angewandte Sozialwissenschaften sind, ebenso wie man fragen kann, ob Ingenieurwissenschaften lediglich angewandte Naturwissenschaften sind, Selbstverständlich arbeiten Ingenieurwissenschaften auf der Basis naturwissenschaftlicher Erkenntnisse, aber auch die Naturwissenschaften arbeiten auf der Basis technologischen Wissens, denn keine Naturwissenschaft kommt heute ohne anspruchsvolle Apparaturen für Messungen aus.

Hervorzuheben ist in diesem Zusammenhang außerdem, dass Technologien entdeckt, entwickelt und genutzt werden (können), bevor man sie naturwissenschaftlich verstanden hat. Das gilt z. B. für die Röntgenstrahlung. In einem solchen Fall entdeckt man zuerst die Funktionalität als Lösung eines technologischen Problems. Sie ist aber ihrerseits ein Problem für die Naturwissenschaft, weil es sich hierbei – wie oben geschildert – um erklärungsbedürftige gesetzesartige Zusammenhänge handelt. Das zeigt, dass Technologieentwicklung mehr ist als die pragmatische Umsetzung vorgängiger naturwissenschaftlicher Erkenntnis.

In Abb. 3 werden Erklärung und Technologie als zwei Formen der Anwendung wissenschaftlichen Wissens beschrieben. In Abschnitt 2.5 wurde bereits dargelegt, dass Theorien selbst wissenschaftliche Erklärungen beobachtbarer Phänomene sind und man Erklärungen deshalb nicht als bloße Anwendungen betrachten kann. Vielmehr muss man theoretische Erklärungen als den Kern und Inhalt positiver (explanatorischer) Theorien verstehen.

Wenn man nun den Theoriebegriff erweitert, und den *explanatorischen* Theorien *technologische* Theorien zur Seite stellt, dann hat man diese beiden Formen wissenschaftlichen Arbeitens – also Erklärung und Technologie – von Theorie*anwendungen* zu Theorie*arten* transformiert. Wenn, wie *Popper* (1994) es formuliert, alles

Leben Problemlösen ist, dann haben wir es hier entsprechend mit zwei Arten wissenschaftlicher Problemlösungen zu tun: Während explanatorische Theorien „wahre" Erklärungen bereitstellen sollen, haben technologische Theorien „effektive" Möglichkeiten zur Erreichung bestimmter Ziele zu erarbeiten. Außer an Ingenieur- und Erziehungswissenschaften kann man bei technologischen Disziplinen z.B. auch noch an die Medizin, an die klinische Psychologie oder an die Wirtschaftspolitik denken.

Diese Unterscheidung soll abschließend anhand des in Abb. 4 dargestellten inferentiellen Schemas (siehe Abschn. 3.2) und der in Abb. 5 dargestellten Differenzierung von Theorietypen verdeutlicht werden.

Theorien werden danach in drei Schritten etabliert. Am Anfang steht jeweils ein Theorieproblem. Bei *explanatorischen* Fragen sucht man nach einer Theorie zur Erklärung eines (überraschenden) Phänomens. Per Abduktion schließt man von Phänomenen auf Theorien als prinzipiell mögliche Erklärungsansätze. Von Theorien und geeigneten Prämissen zu Antecendensbedingungen schließt man per Deduktion auf empirische Hypothesen, die sich folglich in Experimenten oder anderen empirischen Untersuchungen zeigen müss(t)en (wenn die Theorie „wahr" ist). Da eine direkte Falsifikation oder Verifikation nicht möglich ist, schließt man schließlich per „Induktion" von den empirischen Ergebnissen auf die Annahme oder Ablehnung des untersuchten Ansatzes. Im positiven Fall wird die Theorie (vorerst) angenommen, sie muss sich aber mit jedem zukünftigen Fall, der unter sie fällt, erneut bewähren.

Bei *technologischen* Theorien geht man von einem Gestaltungsproblem – etwa in Form von Erziehungszielen – aus und schließt *abduktiv* auf eines oder mehrere mögliche Verfahren. Verfahren können dabei, wie Erklärungen, auf verschiedenen Abstraktionsniveaus angesiedelt sein. Auch hier schließt man anschließend *deduktiv* auf Effekte, die sich bei folgerichtiger praktischer Umsetzung einstellen sollten. Abschließend beurteilt man (auf Basis der empirischen Beobachtungen im Rahmen der Umsetzung) *induktiv* die Effektivität des betreffenden Verfahrens, also ob und inwiefern es seinen Zweck erfüllt oder nicht erfüllt.

Theorien wie etwa die zur Unterrichtsqualität lassen sich nun sehr gut in dem eben explizierten Sinn als technologische Theorien verstehen (wenngleich man mit ihnen auch positiv erklären kann, warum in einem Fall besonders viel oder in einem anderen Fall besonders wenig gelernt wurde). Das gilt im Übrigen auch, wenn man keine deterministischen Ursache-Wirkungs-Zusammenhänge unterstellt, wie das generell beim eingangs vorgestellten Angebots-Nutzungs-Modell der Fall ist. Die theoretische und empirische Erziehungswissenschaft lässt sich so als eine nicht bloß angewandte wissenschaftliche Disziplin, etwa als angewandte Psychologie, systematisch abgrenzen und einordnen (vgl. hierzu auch Alisch 1995 und 1997 sowie Minnameier 2015).

Darüber hinaus kann man innerhalb der Erziehungswissenschaft Theorietypen gemäß der in Abschnitt 3.3 eingeführten Unterscheidung einer intra-, inter- und trans-individuellen Perspektive einführen. Genuin handlungstheoretische Ansätze entsprechen der *intra-individuellen* Perspektive. Sie betreffen etwa den Bereich der Unterrichtsplanung, wenn die Lehrperson überlegt, auf welchem Weg sie den Adressaten bestimmte Inhalte vermitteln könnte. Die Adressaten und ihre relevanten Eigenschaften (insbes. ihr Vorwissen) bilden dabei die Bedingungen (bzw. Restriktionen), auf die bezogen die Lehrperson ihren Unterricht plant.

Inter-individuell setzt man z. B. im Bereich der Lehrer-Schüler-Interaktion an. Hier wird erörtert, wie die Lehrperson idealerweise auf bestimmte Verhaltensweisen einzelner oder mehrerer Schülerinnen und Schüler reagieren kann. Dies betrifft etwa Fragen des Umgangs mit Unterrichtsstörungen bzw. deren Prävention oder etwa des Scaffoldings vgl. z. B. Kunter & Trautwein 2013; Hermkes, Mach & Minnameier 2018).

Als Erziehungswissenschaft auf der *trans-individuellen* Ebene können alle Theorien gelten, die sich auf die Gestaltung bzw. Veränderung institutioneller Rahmenbedingungen beziehen. Das betrifft alle Aspekte des Bildungswesens und reicht von der Einteilung in Bildungsstufen (Primarstufe, Sekundarstufe, tertiärer Bereich) und Schulformen (Hauptschule, Realschule, Gymnasium, Berufsschule, Berufsfachschule etc.) über Fragen von Übergängen und Inklusion oder der Applikation von Vergleichstests und zentralen Prüfungen bis hin zur Festlegung von Klassengrößen, Regeln zur Schülermitverantwortung oder Verhaltensregeln in Schule oder Ausbildungsbetrieb.

So lassen sich systematisch Forschungsfelder bzw. Theorietypen innerhalt der Erziehungswissenschaft differenzieren, wobei die Erziehungswissenschaft als Ganze, ebenso wie die Berufs- und Wirtschaftspädagogik als bereichsspezifische Teildisziplin, als eine technologische Disziplin verstanden werden kann. Hierzu passt im Übrigen die klassische Charakterisierung *Brezinkas*, der Erziehung folgendermaßen definiert:

> Unter Erziehung werden Handlungen verstanden, durch die Menschen versuchen, das Gefüge der psychischen Dispositionen anderer Menschen in irgendeiner Hinsicht dauerhaft zu verbessern oder seine als wertvoll beurteilten Bestandteile zu erhalten oder die Entstehung von Dispositionen, die als schlecht bewertet werden, zu verhüten. (Brezinka 1981 / 1990, S. 95)

Abgesehen davon, dass die Definition zu eng auf den handlungstheoretischen (intra-individuellen) Bezugsrahmen abstellt, wird daran der technologische Aspekt der Erziehungswissenschaft besonders deutlich (auch wenn Brezinka sich selbst strikt im kritisch-rationalen Paradigma verortet hatte).

Übungs- und Vertiefungsaufgaben zu Kapitel 3

1. Überlegen Sie, inwiefern der in Kapitel 3 präsentierte Pragmatismus an den Kritischen Rationalismus anschließt und inwiefern er sich von ihm abgrenzt. Sie können sich dabei auch auf Darstellung von Paradigmen in Kapitel 4 stützen.

2. Mit „Pragmatismus" verbindet sich auch die Vorstellung, Theorien müssten vor allem „nützlich" sein. Erörtern Sie, warum die Sichtweise zu kurz greift und warum sie für den Peirce'schen Pragmatismus (oder „Pragmatizismus") nicht zutrifft.

3. Unterscheiden Sie Abduktion, Deduktion und Induktion voneinander und überlegen Sie sich Beispiele wissenschaftlichen Arbeitens, die den jeweiligen Schlussweisen zuzuordnen sind.

4. Nennen Sie Beispiele für Aufgaben, die Sie Lernenden in der beruflichen Bildung stellen könnten und die jeweils entweder abduktives, deduktives oder induktives Denken erfordern würden. Differenzieren Sie dabei auch die drei inferentiellen Teilschritte der Kolligation, der Beobachtung und des Urteils.

5. Warum kann man per Induktion nicht definitiv auf die Wahrheit (oder Falschheit) einer Theorie schließen. Erklären Sie den Zusammenhang.

6. Unterscheiden Sie positive, präskriptive und normative Theorien voneinander und denken Sie sich Beispiele aus dem Bereich der Berufs- und Wirtschaftspädagogik für jeweils intra-individuelle, interindividuelle und trans-individuelle Fragen aus.

7. Erziehungswissenschaft im Allgemeinen wird von vielen als angewandte Psychologie (oder auch angewandte Soziologie) verstanden. Nehmen kritisch Stellung zu dieser Auffassung.

4 Paradigmen der Berufs- und Wirtschaftspädagogik

4.1 Eingrenzung und Aufbau

Ab Ende der 1960er Jahre setzte in der Erziehungswissenschaft und damit auch in der Berufs- und Wirtschaftspädagogik eine Differenzierung wissenschaftlicher Vorstellungen ein, die sich nachfolgend zu einer regelrechten Vielfalt konkurrierender wissenschaftstheoretischer Auffassungen entwickelt hat. Mittlerweile hat es sich eingebürgert, für eine Forschungsrichtung den Begriff des „Paradigmas" zu gebrauchen, mit dem ursprünglich nichts anderes als ein Musterbeispiel aus der Grammatik gemeint war. Heute bezeichnet der Begriff „Paradigma" in der Wissenschaftstheorie die zentralen Annahmen ontologischer, epistemologischer und methodologischer Art, die von einer Scientific Community geteilt werden und unter denen die beteiligten Wissenschaftler ihre Forschung betreiben (vgl. Kornmesser & Schurz 2014, S. 16–22).

In der Wissenschaftstheorie bezeichnet ein Paradigma die Grundvorstellungen und Maximen bzw. Standards, unter denen Forschung betrieben wird (vgl. auch Abschn. 2.5). Entscheidend ist, dass ein Paradigma nicht nur die Art und Weise bestimmt, in der mit den Beobachtungsdaten umgegangen wird (Methodologie), sondern die Daten selbst und auch, welche Fragestellungen überhaupt als wissenschaftlich sinnvoll angesehen werden. Beobachtungen sind nämlich nicht einfach nur Fakten, die „eingesammelt" und „registriert" werden. Vielmehr wird die Beobachtung selbst durch Theorien geleitet und man braucht zumindest elementare theoretische Vorstellungen, um überhaupt irgendwelche Daten als solche zu identifizieren: ohne Begriffe keine Daten! Dies ist das Argument der Theoriebeladenheit der Erfahrung, das auf *Russel N. Hanson* (1958/1965) zurückgeht und das *Thomas S. Kuhn* in seinem einflussreichen Buch „The Structure of Scientific Revolutions" (1962/2017) übernommen hat.

Paradigmen im Sinne Kuhns leiten die wissenschaftliche Erkenntnisgewinnung und stehen im Zentrum von sog. „Scientific Communities", die sich um Paradigmen herum bilden. In Zeiten „normaler Wissenschaft" gibt es nur ein bestimmendes Paradigma, an dem sich alle Forscher orientieren. Wenn Anomalien auftreten, werden diese zunächst als Ausnahmen abgetan bzw. schlicht ignoriert, bis einzelne Forscher diese aufgreifen und neue theoretische Ansätze entwickeln, die den Anomalien Rechnung tragen. Da diese Ansätze typischerweise den herrschenden Auffassungen (und sich ggf. auch untereinander) widersprechen, stehen sie in Konkurrenz zur normalen Wissenschaft und leiten insofern „wissenschaftliche Revolutionen" ein, an deren Ende ein neues Paradigma entsteht. Beispiele sind der Übergang von der Ptolemäischen zur Kopernikanischen Kosmologie und von der Newton'schen Mechanik zu Einsteins Relativitätstheorie.

Paradigmen im eben beschriebenen Sinn können als Stationen im wissenschaftlichen Erkenntnisfortschritt verstanden werden (soweit sie jeweils für eine bestimmte Zeit die „normale Wissenschaft" leiten). Das zentrale Kriterium hierfür ist, dass ein neues Paradigma nicht nur die auftretenden Anomalien des alten bzw. konkurrierenden Paradigmas adressieren und erklären kann, sondern die Vorgängertheorien ebenfalls zu rekonstruieren erlaubt und sie somit in das neue Paradigma zu integrieren vermag. Dies ist auch als das *Niels Bohr* zugeschriebene „Korrespondenzprinzip" bekannt (vgl. Popper 1957/1964, S. 84).

Demgegenüber sind aber auch wissenschaftstheoretische Paradigmen denkbar, die nicht oder bestenfalls partiell in einer solchen hierarchischen Integrationsbeziehung zueinander stehen. Sie repräsentieren dann wechselseitig inkompatible Auffassungen, so dass sie sich tatsächlich wechselseitig ausschließen (vgl. Kornmesser & Schurz 2014; Schurz 2014). Dies charakterisiert seit langem und auch heute noch die Lage in der Erziehungswissenschaft und so auch in der Berufs- und Wirtschaftspädagogik. Deshalb werden im Folgenden die heute (noch) relevanten erziehungswissenschaftlichen Paradigmen vorgestellt. Im Anschluss daran wird die Frage diskutiert, wie mit diesem Paradigmenpluralismus umzugehen ist und in diesem Zusammenhang noch einmal separat auf den Ansatz der sog. „Design-Based Research" eingegangen.

Die 1983 erschienene Enzyklopädie Erziehungswissenschaft stellte in ihrem ersten Band mit dem Titel „Theorien und Grundbegriffe der Erziehung und Bildung" in der Abteilung „Konzepte und Positionen der Erziehungswissenschaft" fünf Forschungsrichtungen vor: Geisteswissenschaftliche Pädagogik, Materialistische Erziehungstheorie, Kritische Erziehungswissenschaft, Kritisch-rationale Erziehungswissenschaft und Phänomenologische Pädagogik (vgl. Lenzen & Mollenhauer 1995, S. 81–173). In den von *Lenzen* (1989, S. 1105–1260) herausgegebenen zweibändigen „Pädagogische(n) Grundbegriffe(n)" finden sich in der vierten Auflage von 1996 bereits zehn Einträge, die sich als unterschiedliche pädagogische Forschungsansätze verstehen lassen, und in der von *Krüger* (2006, S. 15–171) in vierter Auflage vorgelegten „Einführung in Theorien und Methoden der Erziehungswissenschaft" werden 13 „Theoretische Konzepte und Positionen der Erziehungswissenschaft" dargestellt, wobei neben den grundlegenden Paradigmen der Geisteswissenschaftlichen Pädagogik, der Empirischen Erziehungswissenschaft und der Kritischen Erziehungswissenschaft unter der Überschrift „Weitere Richtungen der Erziehungswissenschaft" 10 Ansätze folgen, die von einer Praxeologischen Pädagogik über Psychoanalytische Pädagogik bis hin zu ökologischen, feministischen und postmodernen Ansätzen in der Erziehungswissenschaft reichen.

Ein derartig weites Spektrum an pädagogischen Forschungsansätzen kann in dieser Einführung schon aus Gründen des Buchumfangs nicht entfaltet werden. Doch es sprechen auch inhaltliche Argumente für eine Begrenzung. Denn einmal sind für die Berufs- und Wirtschaftspädagogik bei weitem nicht alle der in den einschlägigen Veröffentlichungen referierten Forschungspositionen von Relevanz, und zum anderen würde es den Charakter einer Einführung in die Wissenschaftstheorie verfehlen, wollte man über die gesamte Breite der mehr oder weniger intensiv entfalteten und praktizierten Ansätze informieren.

Wenn im Folgenden eine Eingrenzung auf die geisteswissenschaftliche, die emanzipatorische, die kritisch-rationale und die konstruktivistische Perspektive vorgenommen wird, lassen sich dafür folgende Argumente anführen:

Die ersten drei der genannten Ansätze stellen inzwischen schon beinahe klassische Basispositionen dar, welche die Entwicklung der Berufs- und Wirtschaftspädagogik entscheidend mitgeprägt haben und für das Verständnis der aktuellen paradigmatischen Situation von Bedeutung sind. Das zeigt sich u. a. daran, dass in der einschlägigen Literatur (z. B. Wulf 1983; Hoffmann 1991; Merkens 1991) und auch in Handbüchern der Berufs- und Wirtschaftspädagogik vorrangig auf diese drei Positionen zurückgegriffen wird (vgl. Beck 1995, S. 457–464; sowie die Beiträge zu verschiedenen Paradigmen in Nickolaus et al. 2010). Der Einbezug des konstruktivistischen Ansatzes ist darauf zurückzuführen, dass er etwa seit Ende der 1990er Jahre in der Pädagogik verstärkt Beachtung gefunden hat und auch in der aktuellen Diskussion um die paradigmatische Ausrichtung der Berufs- und Wirtschaftspädagogik eine Rolle spielt.

Um das jeweils Eigene der ausgewählten Paradigmen möglichst deutlich hervortreten zu lassen, wird bei ihrer Darstellung so vorgegangen, dass zunächst das Erkenntnisinteresse und der philosophische Hintergrund umrissen werden. Dann erfolgt die Beschreibung der pädagogischen Transformation, wobei in Anschluss an *Beck* (1995) versucht wird, das jeweils zugrunde liegende Menschen- und Gesellschaftsbild zu skizzieren und zu verdeutlichen, welche ontologischen Basisannahmen zugrunde liegen. Schließlich soll auch für jeden Ansatz noch die Auffassung zum „Theorie-Praxis-Verhältnis" dargelegt werden.

4.2 Geisteswissenschaftlich-hermeneutischer Ansatz

4.2.1 Erkenntnisinteresse und philosophischer Hintergrund

Der Begriff Hermeneutik ist griechischen Ursprungs und weist eine Nähe zum Götterboten Hermes auf, der u. a. die Aufgabe hatte, den Menschen die Ratschlüsse der Götter zu übermitteln. Diese waren aber nicht immer einfach zu verstehen und damit ist das Grundproblem der Hermeneutik angesprochen: Es geht um Verstehen, um das Erschließen von Sinn, genauer: um sinnerschließende Auslegung, um Interpretation. Ausgangspunkt ist immer eine externe Gegebenheit, die sinnlich wahrnehmbar ist, z. B. ein Text, ein Bild, ein Gebrauchsgegenstand. Dieser wird auf einen ihm immanenten Sinn hin befragt, also z. B. welche „Botschaft" enthält der Text, welche Eindrücke vermittelt das Bild, wofür ist der Gebrauchsgegenstand gedacht und wie taugt er für diese Aufgabe? Man kann deshalb auch sagen, dass ausgehend von einem „Äußeren", das als sinnlich wahrnehmbarer Gegenstand vorliegt (Buch, Bild, Werkzeug) durch Interpretation ein „Inneres", dessen Sinn herausgearbeitet wird (vgl. Danner 2006, S. 43).

Da hermeneutisches Verstehen und die ihm zugrunde liegende Interpretation anders als umgangssprachliches oder elementares Verstehen auf die Erfassung umfassender Zusammenhänge gerichtet ist, stellt es sich nicht als Intuition ein, sondern erfolgt als Prozess in mehreren gedanklichen Durchgängen, ein Vorgang, der als hermeneutischer Zirkel oder auch als hermeneutische Spirale bezeichnet wird. Bezogen auf das Beispiel einer Textinterpretation bedeutet dies, dass mit Blick auf den zu interpretierenden Text bereits eine Art Vorverständnis vorhanden ist, das sich meist in einer Fragestellung äußert, z. B. welches Bildungsverständnis dem von *Wilhelm von Humboldt* verfassten Litauischen Schulplan aus dem Jahr 1809 zugrunde liegt. Dieses Vorverständnis wird in der ersten Drehung des hermeneutischen Zirkels mit dem Text konfrontiert, wobei der Interpret zu einem modifizierten, in der Regel weiter differenzierten Vorverständnis gelangt, das dann wiederum an den Text herangetragen wird und seinerseits zu einer weiteren Präzision des Vorverständnisses führt. Grafisch lässt sich dies etwa folgendermaßen darstellen:

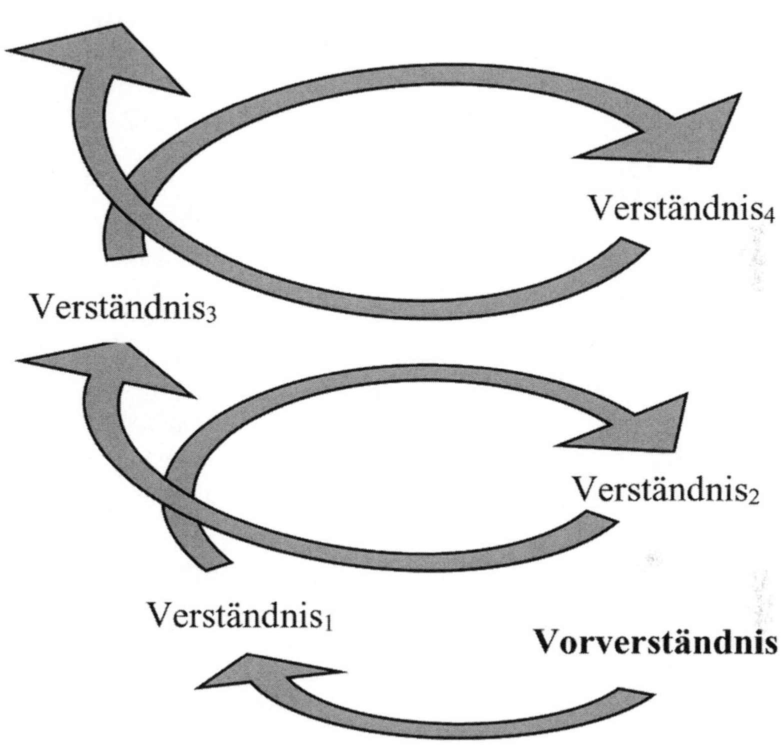

Abb. 6 Die hermeneutische Spirale (in Anlehnung an Danner 2006, S. 60)

Der hermeneutische Zirkel setzt sich solange fort, bis der Interpret der Meinung ist, zu einem umfassenden und befriedigenden Verständnis des Textes gelangt zu sein. Das bedeutet, dass die Interpretation mit jeder Umdrehung des hermeneutischen Zirkels weitere Zusammenhänge ergreift und damit sinnerweiternd wirkt, was sich mit Blick auf einen Text auch folgendermaßen verdeutlichen lässt: Die Bedeutung eines Wortes erschließt sich erst im Zusammenhang des Satzes, in dem es vorkommt. Der Sinn des Satzes erschließt sich im Sinn des Abschnitts, in dem er steht, der Sinn des Abschnitts innerhalb des Kapitels, dessen Teil er bildet, der Sinn des Kapitels innerhalb des Buches, die Bedeutung des Buches innerhalb der Epoche, in der es entstanden ist. Auf diese Weise lassen sich immer umfassendere Bedeutungskontexte ausführen. Jedoch scheint hierbei eine Art Rückkopplung zu bestehen, da sich der Sinn eines Satzes ja zunächst aus den Bedeutungen der in ihm vorkommenden Wörter ergibt, der Sinn eines Abschnitts aus den ihn bildenden Sätzen usw.

Damit stellt sich die Frage, ob dem hermeneutischen Zirkel ein logischer Zirkelschluss zugrunde liegt, bei dem das zu Begründende schon in früheren Gedankenschritten vorausgesetzt wurde, was für ein wissenschaftliches Verfahren vernichtend wäre. Es scheint weitgehend Einigkeit darüber zu bestehen, dass es sich nicht so verhält. Letztlich geht es um das Verhältnis des Einzelnen zum Ganzen, wobei das „Einzelne [als] integrierender Bestandteil des Ganzen und das Ganze [als] die Einheit des verschiedenen Einzelnen“ zu sehen ist. Das damit angesprochene logische Verhältnis ist die Identität von Allgemeinem und Besonderem. So gesehen, stellt jede Interpretation „eine logische Subsumtion dar, bei der man sich der Identität des Allgemeinen und Besonderen versichert. Und in diesem Verfahren ist der Ausgang vom Allgemeinen zur Deduktion des Einzelnen oder der Ausgang vom Einzelnen zur Induktion des Allgemeinen nur eine Frage der beliebigen Perspektivenwahl, die zwangsläufig zum gleichen Ergebnis: der Aufstellung einer artikulierten Theorie (bzw. Hypothese) führt. Als Theorie muss eine Interpretation nur logisch kohärent sein [...]“ (Zitate bei Geldsetzer 1989, S. 137–138).[1]

In jeder guten Interpretation werden weitere Bedeutungskontexte erschlossen, über die man zu neuen Einsichten und Erkenntnissen kommt. Gleichwohl lässt sich beim hermeneutischen Zirkel insofern von einer paradoxen Situation sprechen, als zu demjenigen, was verstanden werden soll, bereits ein irgendwie geartetes Vorverständnis vorliegen muss (vgl. Broecken 1975, S. 222) – das dann freilich beim Durchschreiten des hermeneutischen Zirkels Modifikationen unterworfen sein wird. So zeigt sich, dass bei der Interpretation des Humboldt-Textes immer schon ein irgendwie geartetes Verständnis von Bildung notwendig ist, um den hermeneutischen Zirkel in Gang bringen zu können. Für eine methodisch angeleitete Textinterpretation haben *Klafki et. al.* (1971, S. 134–153) elf Arbeitsschritte konzipiert und mit dem Beispiel einer Interpretation von *Wilhelm von Humboldts* Litauischem Schulplan konfrontiert. Einige dieser Arbeitsschritte sind auch in außerhermeneutischen Kontexten von Bedeutung. So hat etwa der Arbeitsschritt der Quellenkritik, in dem es um die Überprüfung von Quellen auf Echtheit und Richtigkeit geht, gerade beim Umgang mit Informationen aus dem Internet neue Aktualität erlangt, und die Vorschläge zum Herausarbeiten der gedanklichen Struktur eines Textes mit der Unterscheidung von Hauptthesen, Begründungen, Erläuterungen, Beispielen etc.

[1] Es ist hier nicht der Ort, das hermeneutische Verfahren zu kritisieren, aber der Leser sei eingeladen, die Ausführungen hierzu im Lichte der inferentiellen Triade (s. Abschn. 3.2) zu reflektieren.

bieten eine gute Hilfestellung beim Exzerpieren und Aufarbeiten von examensrelevanter Literatur.

Als Ausgangspunkt der philosophischen Hermeneutik wird in diesem Studientext die Position *Schleiermachers* an der Wende vom 18. zum 19. Jahrhundert gewählt, die von *Dilthey* im 19. Jahrhundert weitergeführt wurde. Die Auseinandersetzung damit reicht im Werk *Gadamers* bis in die Gegenwart.

Friedrich Daniel Ernst Schleiermacher (1768–1834) ging es darum, eine Methodenlehre zu konzipieren, die für die Auslegung unterschiedlicher Textsorten, wie z.B. theologischer, philologischer, juristischer Texte, anwendbar ist. Dabei unterschied er zwei Arten: Das grammatische Verstehen, das sich auf die sprachliche Gestaltung des Textes bezog, und das psychologische Verstehen, das auf den Autor und dessen Lebenszusammenhang, aus dem heraus der Text entstand, gerichtet ist. Verstehen erweist sich auf diese Weise als grammatische und psychologische Reproduktion, die vom Interpreten eine weitgehende Identifikation mit dem Autor erfordert (vgl. Danner 2006, S. 74 und S. 92). Da das Werk eines Autors immer an die Gedanken- und Lebenswelt der Epoche gebunden bleibt, in welcher er lebte, können einzelne Gedanken aufgrund des Weiteren Geschichtsverlaufs für den nachgeborenen Interpreten bedeutsamer und aufschlussreicher sein, als es dem Autor selbst bewusst war. Zugespitzt ließe sich deshalb sagen, dass der Interpret den Autor besser verstehen könne, als dieser sich selbst verstanden habe. Zutreffender wäre jedoch zu sagen, dass er ihn anders oder in weiteren Kontexten versteht, weil er den hermeneutischen Zirkel über das Bewusstsein des Autors hinaus ausdehnen kann.

Wilhelm Dilthey (1833–1911) ging von einer Dichotomie von Naturwissenschaften und Geisteswissenschaften und, dem entsprechend, von einem jeweils spezifischen methodischen Zugriff aus, was er 1894 auf die berühmte Formel brachte: „Die Natur erklären wir, das Seelenleben verstehen wir.“ (1957, S. 144; vgl. König & Zedler 2002, S. 86–88). Dazu entwickelte *Dilthey* die Auslegungslehre *Schleiermachers* insofern weiter, als er Verstehen als ein „Wiederfinden des Ich im Du“ beschrieb und damit auf die Kongenialität des Interpreten abhob, dabei aber für beide Teilhabe am „objektiven Geist“ unterstellte. Gemeint sind damit alle auf geistigen Leistungen beruhenden objektivierten Lebensäußerungen, die das Gemeinsame einer Kulturgemeinschaft und ihrer Geschichte ausmachen, und an denen der Einzelne teilhaben kann, weil er Mitglied dieser Kulturgemeinschaft ist (vgl. Danner 2006, S. 52–55). Verstehen wird damit zur nacherlebenden Kongenialität, wobei der Akzent von der Individualität des Autors auf sein Werk verlagert wird (vgl. Danner 2006, S. 93).

Hans Georg Gadamer (1900–2002) stellte nicht die Subjektivität des Interpreten in den Vordergrund des Verstehens, sondern die hermeneutische Situation, in die dieser gestellt ist. Gemeint ist damit, dass der zu interpretierende Text (z.B. *Goethes*

Faust oder ein Gesetzestext) bereits eine Wirkungsgeschichte aufweist, der sich der Interpret nicht entziehen kann und die sein Vorverständnis (mit)bestimmt. *Gadamer* erläutert dies in seinem Hauptwerk „Wahrheit und Methode“ (1975) u. a. am Beispiel eines Juristen, der einen Gesetzestext auslegt indem er ihn auf einen bestimmten Fall anwendet. Dabei geht es, wie auch in den anderen von *Gadamer* angeführten Beispielen, nicht darum, durch Verstehen die ursprüngliche Situation wieder herzustellen, sondern um Anwendung im Verstehensvorgang, von *Gadamer* als Applikation bezeichnet. Diese besteht einmal im Überbrücken des Zeitabstands, der Text und Interpreten trennt, und zum anderen in der Überwindung der Sinnentfaltung, die dem Text bisher begegnet ist (vgl. Danner 2006, S. 87). Verstehen muss als Applikation zwischen Vergangenheit und Gegenwart vermitteln. Der Interpret kann nach Gadamer schon deshalb nicht kongenial und gleichberechtigt neben den Autor treten, weil seine historische Situation eine andere ist (vgl. ebd., S. 94).

4.2.2 Pädagogische Transformation

Die Transformation des hermeneutischen Ansatzes in die Pädagogik erfolgte über die *Dilthey*-Schüler *Herman Nohl* (1879–1960) und *Eduard Spranger* (1882–1962) sowie über die *Nohl*-Schüler *Erich Weniger* (1894–1961) und *Wilhelm Flitner* (1889–1990) (vgl. König & Zedler 2002, S. 96 und Danner 2006, S. 29). Für die Berufs- und Wirtschaftspädagogik gewannen dabei die Arbeiten *Eduard Sprangers* besondere Bedeutung, da die erste und zweite Generation der akademischen Vertreter der Berufs- und Wirtschaftspädagogik, wie z. B. *Friedrich Feld*, vor allem auf *Sprangers* kulturpädagogischen Ansatz und die von ihm entwickelte und von *Georg Kerschensteiner* aufgegriffene Berufsbildungstheorie rekurrierte (vgl. Pleiß 1973, S. 228–259). Dies lag deshalb nahe, weil es der kulturpädagogische Ansatz ermöglichte, Wirtschaft und Technik als Kulturbereiche und damit als dem objektiven Geist zugehörig auszuweisen und ihre pädagogische Vermittlung als Weitergabe von Kultur und damit als Bildung auszuweisen, die sich im Beruf realisierte. Befragt man die hermeneutische Richtung der Geisteswissenschaftlichen Pädagogik hinsichtlich der Punkte Menschenbild, Gesellschaftsbild, Ontologie und Theorie-Praxis-Verhältnis, so kommt man zu etwa folgendem Ergebnis.

(1) Menschenbild

In der Geisteswissenschaftlichen Pädagogik sieht man zwar die biologische Natur des Menschen, ordnet sie aber seiner Geistigkeit unter. Nohl sieht im Bewahren der „biologischen Grundlage“ und dem „Organisieren der mechanischen Prozesse“ den Sinn, dass „sie gehorsame Diener des geistigen Lebens werden“ (Nohl 1957, S. 157). Ähnlich argumentiert *Spranger* (1973, S. 11), wenn er formuliert, dass der

Mensch zwar an „seine tierische Organisation" gebunden bleibe, sich jedoch zu „geistigem Bewusstsein" erheben könne und solle, oder *Flitner*, wenn er Erziehung als „geistige Erweckung" und Menschlichkeit als „Freiheit im Geiste" auffasst (Flitner 1950, S. 44). Zurückgegriffen wird dabei auf das aus der antiken Philosophie stammende Entelechieprinzip, wonach ein im Subjekt von vornherein angelegtes Potential vorhanden ist, das zur Vollkommenheit entfaltet werden soll. Zu diesem Potential kann auch der „innere Beruf" gezählt werden, der sich nach *Spranger* in der Pubertät als persönliches Bildungszentrum entwickelt und in den einem bestimmten Kulturbereich zugehörigen objektiven Beruf einmündet (vgl. Zabeck 1984, S. 66). Damit wird nach der Absolvierung einer grundlegenden Bildung der Beruf zum didaktischen Zentrum für Bildung im Sinne der Erschließung eines Kulturbereichs, von dem ausgehend in einer weiteren Bildungsstufe Übergänge zu anderen Kulturbereichen möglich werden. Rückbezüglich können deshalb die von *Spranger* in seinen „Lebensformen" (1950) unterschiedenen Kulturbereiche und die ihnen zugeordneten Persönlichkeitstypen als solche prinzipiellen Vorprägungen im Sinne von Entelechie verstanden werden. Deren Entwicklung hat zum Ziel, den Menschen über die Aneignung und die Auseinandersetzung mit Kultur auf kreative Weise zu deren Weiterentwicklung anzuregen. Bildung, gerade auch berufliche Bildung, kann sich deshalb niemals in der Vermittlung von Qualifikationen erschöpfen, sondern ist stets auf den Kontext der Tradierung und Entwicklung von Kultur und damit auf die Teilhabe am geistigen und kulturellen Leben einer Gesellschaft bezogen.

(2) Gesellschaftsbild

Die zentrale Stellung des Nachdenkens über Bildung des Individuums vernachlässigt nicht die Gesellschaft. Wie der eben angesprochene Tradierungs- und Entwicklungsanspruch bzgl. der Kultur verdeutlicht, wird Erziehung als Funktion der Gesellschaft begriffen, und zwar genau in diesem doppelten Sinne von *Bewahrung* und *Wandel*. *Nohl* sieht Bildungsziele als „weltanschaulich-historisch" bedingt an, es gibt somit keine gesellschafts- und epochenunabhängigen Bildungsziele (vgl. König & Zedler 2002, S. 105). *Weniger* (1956) führte diesen Gedanken in seiner Lehrplantheorie weiter, indem er den Lehrplan als das Produkt einer Auseinandersetzung der großen gesellschaftlichen Gruppierungen wie Staat, Kirche, Wissenschaft – aus heutiger Sicht wäre die Wirtschaft zu ergänzen – ansah. Auf diese Weise ist Bildung gesellschaftlich wie individuell bestimmt, indem sie dem Einzelnen die Gesellschaft und Kultur seiner Epoche erschließt und ihm so hilft, seine individuelle Lebensform zu finden. Dabei ist für die Reflexion der jeweils gültigen Bildungsziele ein hermeneutisches Vorgehen gefordert, das die individuellen Entwicklungsmöglichkeiten über das Verstehen des Heranwachsenden erfasst (vgl. König & Zedler 2002, S. 106–107). Von der *sprangerschen* Kulturphilosophie und -pädagogik ausgehend, ist Arbeitsteilung in der Gesellschaft vor dem Hintergrund der Kulturbereiche zu sehen, so dass Berufstätigkeit sowohl als Aneignung als auch als Tradierung und Weiterentwicklung von Kultur verstanden werden kann. Dieses kulturell dominierte Gesellschaftsbild ist deshalb möglich, weil von einer Harmonie zwischen individuellen Dispositionen und gesellschaftlichem Bedarf ausgegangen wird. In *Sprangers* Terminologie ausgedrückt: Innerer und äußerer Beruf lassen sich zur Deckung bringen, wodurch der Einzelne seine gesellschaftliche Leistungsfähigkeit und die für seinen Entwicklungsgang entscheidende Spezialbildung als Grundlage für die Erschließung weiterer Kulturbereiche gewinnt („prästabilierte Harmonie").

(3) Ontologie

Die Ontologie des hermeneutischen Ansatzes ist eindeutig dualistisch bestimmt. Neben materiellen Entitäten, wie sie in der biologischen Ausstattung des Menschen gegeben sind, wird auf nicht-materielle Einheiten, wie etwa die Entelechie und die Seele, zurückgegriffen. Deutlich wird dies bei *Nohl* (1947, S. 25–95), der sich wiederholt auf Platon bezieht, etwa wenn er auf dessen Lehre von den Seelenschichten zurückgreift und dabei vier Schichten unterscheidet, von denen die biologische Schicht die unterste darstellt, die geistige Schicht hingegen die höchste. Mit nicht-materiellen Einheiten argumentiert auch *Spranger* (1973, S. 11) wenn er von „ewige[n] Wesenheiten mit offenbarendem Charakter" spricht, oder auch, wenn bei *Flitner* (1950, S. 43–46) argumentativ auf Geist und Transzendenz zurückgegriffen wird.

(4) Theorie-Praxis-Verhältnis

Bereits *Schleiermacher* hatte die Dignität der Praxis gegenüber der Wissenschaft betont und dies mit der Vorgängigkeit der Praxis vor aller Theorie begründet (vgl. Krüger 2006, S. 26). Der wechselseitige Bezug von Theorie und Praxis und die Einbindung von Erfahrungen wie Reflexionen von Praktikern in die Theoriebildung wird auch in der Differenzierung von Theorien deutlich, wie sie *Weniger* vorgenommen hat. Er unterscheidet Theorien ersten, zweiten und dritten Grades (vgl. Weniger 1990, S. 29–44 einschl. der folgenden Zitate):

> Als Theorie *ersten Grades* bezeichnet er „die unausdrückliche Anschauung, die in der Wirklichkeit gegenständlich wird, die Vorstellung, die unausgesprochene Fragestellung, die an die Wirklichkeit und die Aufgabe herangebracht wird, das Gerichtetsein auf Gegenstand und Aufgabe [...]. Es ist die eingehüllte Rationalität, die in der

geistigen Haltung des Menschen liegt.“ Theorien ersten Grades entsprechen damit dem intuitiven Zugang des Praktikers zu seiner Praxis, aus dem auch elementares Problembewusstsein hervorgehen kann.

Als Theorie *zweiten Grades* gilt *Weniger* das, „was auf irgendeine Art formuliert im Besitz des Praktikers vorgefunden und von ihm benutzt wird, in Lehrsätzen, in Erfahrungssätzen, in Lebensregeln, in Schlagworten, in Sprichwörtern und was es so gibt.“ Damit sind auch Theorien zweiten Grades Theorien von Praktikern, die den Charakter von subjektiven Theorien haben, ohne dass diese einer wissenschaftlichen Prüfung unterzogen worden wären oder ihr gar standgehalten hätten.

Theorien *dritten Grades* sind entsprechend wissenschaftliche Theorien, welche die praktischen Erfahrungen transzendieren. Sie erfüllen zum einen eine analytische Funktion, die auf wissenschaftliche Erkenntnis gerichtet ist. Zum anderen haben sie eine praxisbezogene Funktion, die auf eine verantwortungsvolle Gestaltung jener Praxis abzielt, ohne Praktiker damit bevormunden zu wollen (vgl. Krüger 2006, S. 27).

Entscheidend für die Theoriegrade *Wenigers* ist, dass sie sich nur durch ihre zunehmende Rationalität und Entfernung von den Handlungen in der pädagogischen Praxis unterscheiden und sie die Voraussetzung für Erfahrungen darstellen, indem sie diesen die Perspektive geben (vgl. Wulf 1983, S. 52–53). So nehmen Theorien ersten Grades die Funktion eines Vorverständnisses wahr, das die Blickrichtung vorgibt, unter der dann Erfahrungen gemacht werden können. Offengelegt wird das aber erst durch die Theorie dritten Grades. Auf dieser Grundlage kann das Theorie-Praxis-Verhältnis der Geisteswissenschaftlichen Pädagogik am treffendsten als eine Einklammerung der Praxis durch die Theorie im Sinn eines hermeneutischen Zirkels gekennzeichnet werden (vgl. Wulf S. 55).

4.3 Emanzipatorische Pädagogik

4.3.1 Erkenntnisinteresse und philosophischer Hintergrund

Das Erkenntnisinteresse der Emanzipatorischen Pädagogik richtet sich auf eine als Fortschritt verstandene Änderung von Erziehung und ihrer Institutionen auf der Grundlage und zum Zwecke von (fortwährender) Gesellschaftskritik. Den philosophischen Hintergrund der Emanzipatorischen Pädagogik bildet die Kritische Theorie der Frankfurter Schule, vertreten in der ersten Generation durch *Max Horkheimer* (1895–1973), *Herbert Marcuse* (1898–1979) und *Theodor W. Adorno* (1903–1969), in der zweiten vor allem durch *Jürgen Habermas* (*1929). Die Bezeichnung „Kritische Theorie“ geht zurück auf einen von *Horkheimer* während des Exils in den USA veröffentlichten Text, in dem er die „Kritische Theorie“ mit der „Traditionellen Theorie“ konfrontiert, wobei für letztere vor allem naturwissenschaftliche Theorien und ihre technologische Umsetzung stehen. Im Gegensatz zur Traditionellen Theorie, der ein objektivistisches Selbstverständnis deshalb zu eigen ist, weil sie ihre gesellschaftliche Bedingtheit nicht reflektiert, begreift die Kritische Theorie Wissenschaft als Teil der gesellschaftlichen Arbeit (vgl. König & Zedler 2002, S. 116–117). Was dem Einzelnen als vorgegeben erscheint, wird damit als Produkt gesellschaftlicher Praxis ausgewiesen und die Gesellschaft selbst unter Rückgriff auf Analysekategorien von *Karl Marx* als Produkt von Arbeitsteilung und herrschenden Produktionsverhältnissen angesehen (vgl. Wulf 1983, S. 142). Letztlich geht es darum, den Zusammenhang zwischen ökonomischer Verfasstheit einer Gesellschaft und der Entwicklung des Einzelnen sowie der Kultur zu erkennen (vgl. Krüger 2006, S. 61). Der normative Charakter der Kritischen Theorie erweist sich daran, dass sie von der „Idee einer künftigen Gesellschaft als der Gemeinschaft freier Menschen“ (*Horkheimer* 1975, S. 36) geleitet wird. Dazu wird ein Interesse der Menschen an „vernünftigen“ Zuständen vorausgesetzt (vgl. ebd.). Vernunft wird hierbei jedoch nicht im Sinne subjektiver Vernunft verstanden, sondern objektiviert als das Interesse an der Verminderung von Herrschaft und Gewalt und der Weiterentwicklung zu einer Gesellschaft „ohne Status und Übervorteilung“ (*Adorno* 2006. S. 16). Als zentrales Instrument gilt Aufklärung über den gesellschaftlichen Entstehungskontext sozialer Verhältnisse mit dem Ziel der Emanzipation (vgl. *König & Zedler* 2002, S. 118–119). Dabei geht es darum, ungerechtfertigte Herrschaft aufzudecken, was aber deshalb nicht einfach ist, weil sich diese oftmals einer durch die Traditionelle Theorie legitimierten instrumentellen Vernunft verdankt, worin bereits ansatzweise die von *Horkheimer* und *Adorno* reflektierte Dialektik der Aufklärung (1988) sichtbar wird: Was aufgeklärtem Denken zu verdanken ist, schlägt gesellschaftlich gesehen in Unterdrückung um.

Wie *Marcuse* ausgeführt hat, stößt Aufklärung im Sinn der Kritischen Theorie auch deshalb auf Schwierigkeiten, weil irrationale Herrschaft über eine Ersatzprogrammatik gefestigt ist, die es dem Einzelnen durch die Ablenkung auf einen hohen Lebensstandard und Konsumfreiheit erschwert, seine eigentlichen Bedürfnisse zu erkennen und wahrzunehmen. Damit erfolgt die ideologische Gleichsetzung von technischem mit gesellschaftlichem Fortschritt (vgl. Wulf 1983, S. 151). Dies zu enttarnen, ist Aufgabe der Ideologiekritik.

Als Beispiel für eine Argumentation, bei der es darum geht, gesellschaftliche Hintergründe im Sinne sozialer, kultureller, ökonomischer und politischer Verhältnisse aufzudecken und normative Folgerungen zu ziehen, kann *Adornos* Aufsatz „Erziehung nach Auschwitz“ (1997) gelten. Er handelt davon, welchen Beitrag Erziehung dazu leistete, dass Auschwitz möglich wurde und dass als Gegenmittel nur Autonomie als „Kraft zur Reflexion, zur Selbstbestimmung, zum Nicht-Mitmachen" gelten könne (vgl. König & Zedler 2002, S. 121–122).

Angesprochen ist damit der Zustand der Emanzipation, wobei es nicht mehr so sehr um die bereits weitgehend erreichte politische Emanzipation (also z. B. die Befreiung von religiöser Bevormundung), sondern um menschliche Emanzipation geht. Diese ist gegeben, wenn das Selbstverständnis des Einzelnen durch die Idee der Mündigkeit bestimmt ist und er sich zu Recht als gesellschaftliche Kraft verstehen kann, was aber erst möglich ist, wenn die Gesellschaft ohne Status und Übervorteilung zumindest in greifbare Nähe gerückt ist (vgl. Wulf 1983, S. 162–163). Emanzipation in diesem Sinn wurde von *Jürgen Habermas* als erkenntnisleitendes Interesse von Wissenschaft formuliert und in seiner Diskursethik (Habermas 1981/ 2011) im Konzept des herrschaftsfreien Diskurses umgesetzt (vgl. Krüger 2006, S. 63).

4.3.2 Pädagogische Transformation

Die Transformation der Kritischen Theorie und damit die Entstehung der Emanzipatorischen Pädagogik erfolgte ab Ende der 1960er Jahre in deutlicher Abgrenzung von, wenn nicht in Ablehnung sowohl der Geisteswissenschaftlichen Pädagogik als auch der Empirischen Erziehungswissenschaft. Dabei stand die Emanzipatorische Pädagogik jedoch nicht als monolithischer Block, sondern sie bildete verschiedene Strömungen: Neben der Wahl der Kritischen Theorie als Fundament durch die *Weniger*-Schüler *Wolfgang Klafki*, *Klaus Mollenhauer* und *Herwig Blankertz* erfolgte auch der direkte Rückgriff auf *Karl Marx*, z. B. durch *Heinz-Joachim Heydorn*, *Gernot Koneffke* und *Hans-Joachim Gamm* oder auf Konzepte sozialistischer Erziehung aus der Zeit der Weimarer Republik (vgl. Wulf 1983, S. 138). Innerhalb der Berufs- und Wirtschaftspädagogik profilierte sich neben *Herwig Blankertz* vor allem *Wolfgang Lempert* als Vertreter der Emanzipatorischen Pädagogik. Als das zentrale Anliegen Emanzipatorischer Pädagogik darf die ideologiekritische Untersuchung der Abhängigkeit der Erziehung von gesellschaftlichen Prozessen gelten, wobei Erziehung selbst als ein solcher zu sehen ist, der unter dem erkenntnisleitenden Interesse von Emanzipation steht (vgl. König & Zedler 2002, S. 127). Dies findet bereits in Buchtiteln wie „Erziehung und Emanzipation" (Mollenhauer 1968) oder „Bildungsforschung und Emanzipation" (Lempert 1971) seinen Ausdruck, doch auch bei *Klafki* (1976, S. 53), wenn die hermeneutische Fragestellung ideologiekritisch erweitert und postuliert wird, Lehrpläne, Methoden und Medien u. a. daraufhin zu untersuchen,

> ob bestimmte gesellschaftliche Gruppen ihre Interessen bewusst hinter bestimmten Zielsetzungen, Theorien usw. verbergen, um bei anderen Menschen bzw. Kindern und Jugendlichen, Ideologien, falsches Bewusstsein zu erzeugen. Z. B. kann in der Zielsetzung 'Erziehung zu sozialer Verträglichkeit' das Interesse verborgen sein, eine bestimmte Verteilung von wirtschaftlicher und gesellschaftlicher Macht unter anderem dadurch zu sichern, dass in jungen Menschen Abwehr gegen gewerkschaftliche Lohnkämpfe, Mitbestimmungsforderungen usw. aufgebaut wird. (ebd.)

Im Kontext beruflicher Bildung setzte sich Lempert (1974, S. 39–40) kritisch mit beruflicher Sozialisation auseinander und wies ihr „eine Schlüsselfunktion sowohl für die Erhaltung als auch für die Auflebung sozialstruktureller Zwänge und Disparitäten" zu. Es komme darauf an, „insbesondere die berufsbezogenen Lernprozesse jener Mehrheit zu untersuchen, die nach den Kriterien der Macht, des Wissens, des Einkommens und des sozialen Ansehens benachteiligt ist, und zu der die meisten Lehrlinge und Lehrabsolventen gehören". Dieses auf Emanzipation benachteiligter Gruppen und Chancengleichheit gerichtete Erkenntnisinteresse fand auch in mehreren Lehrlingsstudien Ausdruck, die im Lauf der 1970er Jahre erschienen (z. B. Crusius 1973, Winterhager 1970) sowie in *Lemperts* eigenen Studien zur moralischen Sozialisation im Betrieb (vgl. z. B. Corsten & Lempert 1997; Lempert 2004). Hinsichtlich der vier Untersuchungskriterien ergibt sich folgendes Ergebnis:

(1) Menschenbild

Wie aus dem Interesse an Ideologiekritik und Emanzipation deutlich wird, liegt der Emanzipatorischen Pädagogik ein egalitäres Menschenbild zugrunde. Dieses ist gekennzeichnet durch Grundbedürfnisse, z. B. nach Selbstbestimmung und herrschaftsfreier Kommunikation, die jedoch in der Gefahr stehen, durch gesellschaftliche Einflüsse deformiert zu werden. Weiter wird dem Menschen neben seiner subjektiven Vernunft die Teilhabe an einer objektiven Vernunft zugeschrieben, die auf eine Gesellschaft freier Menschen bzw. auf die Gesellschaft ohne Status und Übervorteilung gerichtet ist. Arbeitsteilung und Beruflichkeit stehen dabei im Verdacht, irrationale Herrschaft begründen zu können, weshalb eine Reorganisation der gesellschaftlichen Arbeit gefordert wird (vgl. Beck 1995, S. 460; Kutscha 2010). Nach der Kritischen Theorie bedarf es dabei einer (immer wieder neuen) Reflexion,

> „die in der kritischen Erkenntnis der herrschenden Verhältnisse und im Kampf gegen ihre obsoleten Bedingungen *utopisch vorgreifend* etwas von der Vernunft zum Vorschein bringt, derer die Menschen gleichwohl erst durch revolutionäre Praxis mächtig werden können (...) Entsprechend kann auch der Bildungsprozeß vernünftiger Subjekte nur zusammengedacht werden mit der revolutionären Ver-

wirklichung einer Gesellschaft, in der die vernunftbeschränkende Gewalt entfremdeter Objektivität sich lösen kann“ (Keckeisen 1995, S. 119).

(2) Gesellschaftsbild

Dem Gesellschaftsbild der Emanzipatorischen Pädagogik liegt die utopische Leitidee der Gesellschaft ohne Status und Übervorteilung zugrunde, in der irrationale Herrschaft und Gewalt verschwunden sind und soziale Gerechtigkeit realisiert ist. Die entsprechende Gesellschaftsform wäre in einer Fundamentaldemokratie zu sehen. Die für eine Gesellschaft notwendige Arbeit müsste so organisiert sein, dass sich keine ungerechtfertigten Macht- und Herrschaftsverhältnisse über arbeitsteilig organisierte Prozesse ergeben könnten.

(3) Ontologie

Die Ontologie der Emanzipatorischen Pädagogik ist, wenn nicht offen, so doch latent dualistisch. Das wird einmal deutlich am utopischen Leitbild einer auf die Zukunft bezogenen Gesellschaft ohne irrationale Zwänge, doch auch an der Kategorie einer objektiven Vernunft, die dem Einzelnen als Interesse an Freiheit und Selbstbestimmung implementiert ist. Schließlich weisen auch die ideale Sprechsituation wie der herrschaftsfreie Diskurs im Sinne *Habermas'* idealistische Züge auf (vgl. Horlebein 1998, S. 84–85).

(4) Theorie-Praxis-Verhältnis

Die Emanzipatorische Pädagogik geht von einer Gleichrangigkeit von Theorie und Praxis aus, wobei es zu einer kooperativen Vermittlung von erziehungswissenschaftlicher Theorie und pädagogischer Praxis kommen soll und beide dabei die gleiche Verantwortung tragen (vgl. Krüger 2006, S. 69). Innerhalb der pädagogischen Handlungs- oder Aktionsforschung werden jedoch die Positionen von Theoretikern und Praktikern austauschbar und damit nicht mehr unterscheidbar. Denn die Handlungsforschung zielt nicht mehr primär auf Erkenntnis, sondern auf die Lösung praktischer Probleme und überführt dabei das Subjekt-Objekt-Verhältnis zwischen Forscher und Forschungsgegenstand in ein Subjekt-Subjekt-Verhältnis (vgl. König & Zedler 2002, S. 132–134). So erscheint es nur konsequent, wenn z. B. der offene Diskurs an die Stelle eines standardisierten oder auch durch einen Leitfaden gesteuerten Interviews tritt: „Wird in der traditionellen empirischen Forschung die Wahrheitsfrage über die experimentelle Methode gestellt, so in der Aktionsforschung über den Diskurs“ (Moser 1977, S. 65).

Auch in didaktischer Hinsicht kann die Emanzipatorische Erziehungswissenschaft keine konkreten Bildungsziele formulieren, was an einer ihr immanenten „doppelten Negativität“ liegt, die darin besteht, dass man Lernenden keine Ziele vorschreiben kann, und dass auch die gesellschaftlichen Emanzipationsinteressen stets neu aus den jeweiligen gesellschaftlichen Problemen herzuleiten und daher von niemandem in Gänze vorhersehbar sind (was einer *neo-hegelianischen* Geschichtsauffassung entspricht):

> „Zum einen ist die inhaltliche Normierung des Bildungsprozesses mit dem individuellen Anspruch auf Mündigkeit, zu welcher den Heranwachsenden doch verholfen werden soll, schwerlich vereinbar (vgl. Mollenhauer 1972, S. 49); zum andern erfordert Mündigkeit, die mehr sein will als die subjektive Selbständigkeit unter gegebenen Bedingungen (vgl. Giesecke 1971, S. 147), zugleich veränderte gesellschaftliche Beziehungen, deren vorwegnehmende Konkretisierung nur von der illusionären Warte einer übergeschichtlichen Vernunft möglich wäre. Mit der *doppelten Negativität* des Normativitätsproblems ist also die Verschränkung individueller Bildungsprozesse mit der Durchsetzung gesellschaftlicher Emanzipationsinteressen angesprochen.“ (Keckeisen 1995, S. 130)

4.4 Kritisch-rationale Erziehungswissenschaft

4.4.1 Erkenntnisinteresse und Philosophischer Hintergrund

Das Erkenntnisinteresse der Kritisch-rationalen Erziehungswissenschaft ist an dem der Naturwissenschaften ausgerichtet und zielt primär darauf, allgemeine Gesetzmäßigkeiten des Lehrens und Lernens herauszufinden. Den philosophischen Hintergrund dafür liefert die Erkenntnistheorie des Kritischen Rationalismus (die in Kapitel 2 bereits detailliert erläutert wurde).

Sieht man einmal von historischen Vorläufern ab, die sowohl im Rationalismus als auch im Empirismus zu suchen wären, können als bedeutende Repräsentanten des Kritischen Rationalismus *Karl R. Popper* (1902–1994) und *Hans Albert* (*1921) gelten. Als hauptsächliche Grundannahmen des Kritischen Rationalismus lassen sich benennen (vgl. Beck & Krapp 2006, S. 70 und König & Zedler 2002, S. 47–52):

- *Kritikprinzip:* Es besagt, dass es absolut sichere Erkenntnis und endgültige empirische Wahrheit nicht gibt. Kritik gilt als wissenschaftliches Grundprinzip, dem jede Aussage unterworfen ist. Unter dem Grundsatz des methodischen Zweifels wird keine Aussage als endgültige Wahrheit akzeptiert, sondern sie steht grundsätzlich unter dem Vorbehalt der Kritik und Widerlegung.

- *Kritischer Realismus:* Man geht von der Annahme aus, dass eine vom menschlichen Bewusstsein unabhängige Realität existiert, die nicht unmittelbar, sondern nur über die menschliche Wahrnehmung zugänglich ist. Diese ist jedoch ebenfalls einer ständigen kritischen Prüfung zu unterziehen.
- *Erkennbarkeit:* Man geht von der prinzipiellen Erkennbarkeit der Welt durch den Menschen und einem dabei erzielbaren Erkenntnisfortschritt und Erkenntniszugewinn aus.
- *Wertfreiheit:* Im Anschluss an *Max Weber* wird die Wertfreiheit objekt-sprachlicher Aussagen gefordert (s. Abschn. 2.4). Dazu erfolgt die Unterscheidung zwischen Tatsachenaussagen (d. h. Beschreibungen und Erklärungen) und Wertaussagen (d. h. Wertungen und Normen). Beide dürfen nicht miteinander vermischt werden. Insbesondere das Wertfreiheitspostulat stand im Mittelpunkt des sog. Positivismusstreits, der von den Hauptrepräsentanten des Kritischen Rationalismus einerseits und der Kritischen Theorie andererseits ausgefochten wurde. Im Licht der normativ aufgeladenen Kritischen Theorie musste Wertfreiheit als Kennzeichen der „Traditionellen Theorie" im Sinne *Horkheimers* gelten und als Blindheit gegenüber der gesellschaftlichen Bedingtheit und Eingebundenheit von Wissenschaft (vgl. Adorno et al. 1972).
- *Fallibilismus:* Alles Streben nach Erkenntnis ist prinzipiell fehlerbehaftet und der Möglichkeit des Irrtums unterworfen. Die Wahrheit selbst erscheint als unerreichbares Ideal, dem man sich immer nur durch Fehlereliminierung schrittweise annähern kann. Es gibt also Erkenntnisfortschritt, doch steht auch er unter Irrtumsvorbehalt.
- *Falsifikationismus:* Es ist nicht möglich, eine Aussage über die Wirklichkeit als wahr auszuweisen. Sie kann immer wieder durch kritische Prüfung in Frage gestellt und widerlegt werden. Hält sie Widerlegungsversuchen stand, gilt sie als vorläufig bestätigt, aber nicht als endgültig wahr.
- *Festlegung einer empirischen Basis:* Tatsachen, welche die Grundlage für empirische Forschung bilden, sind nicht objektiv gegeben, sondern müssen erst vor dem Hintergrund begrifflicher Unterscheidungen bzw. bereits vorhandener (subjektiver) Theorien festgelegt werden. Damit ist der Sachverhalt der Theorieabhängigkeit von Beobachtungen angesprochen (vgl. Hanson 1958/1965).

Auch diese Basisannahmen unterliegen dem Prinzip der kritischen Prüfung, die allerdings nicht auf empirischem Wege erfolgen kann, da sie ja die Grundlage für empirische Forschung im Sinne des Kritischen Rationalismus bilden. Daher können sie als „metaphysische Hypothesen" gelten, die jedoch im Zuge des Erkenntnisfortschritts prinzipiell revidierbar sein müssen.

4.4.2 Pädagogische Transformation

Würde man den Blick allein auf eine empirisch ausgerichtete Erziehungswissenschaft richten, so könnte man die Betrachtung gegen Ende des 19. Jahrhunderts mit der Experimentellen Pädagogik beginnen, für welche die Namen von *Ernst Meumann* (1862–1915) und *Wilhelm August Lay* (1862–1926) stehen, und mit *Peter Petersens* (1884–1952) „Pädagogischer Tatsachenforschung" fortfahren. Zu erwähnen wären weiter *Aloys Fischer* (1882–1937) mit seiner programmatischen Abhandlung „Deskriptive Pädagogik“ (1914), *Rudolf Lochner* (1895–1978), der den Ansatz *Fischers* weiterführte und mit einer Studie zur „Deskriptiven Pädagogik“ habilitierte (1927), sowie *Heinrich Roth* (1906–1983), der „Die realistische Wende in der pädagogischen Forschung“ (1962) postulierte und einleitete (vgl. Krüger 2006, S. 38–41).

Die Rezeption des Wissenschaftsprogramms des Kritischen Rationalismus durch die Pädagogik und damit die Begründung einer Kritisch-rationalen Erziehungswissenschaft erfolgte jedoch vor allem durch *Wolfgang Brezinka* und seine Bücher „Von der Pädagogik zur Erziehungswissenschaft“ (1972) und „Metatheorie der Erziehung“ (1978). Als exponierte Vertreter einer Kritisch-rationalen Erziehungswissenschaft dürfen außerdem u. a. *Rolf Prim* und *Heribert Tilman* sowie *Lutz Rössner* (1932–1995), *Felix von Cube* (*1927) und *Karl Josef Klauer* (*1929) gelten (vgl. König & Zedler 2002, S. 54–55). Innerhalb der Berufs- und Wirtschaftspädagogik bekennen sich vor allem *Klaus Beck (*1941)*, *Helmut Heid* (*1934) und *Volker Krumm* (*1934) zur Wissenschaftsauffassung des Kritischen Rationalismus. Zur Diskussion des heutigen Stellenwerts des Hinsichtlich der Basiskriterien lässt sich Kritisch-rationale Erziehungswissenschaft folgendermaßen beschreiben:

(1) Menschenbild

Ausgangspunkt ist die Annahme von der Verschiedenheit der Menschen hinsichtlich ihrer Begabungen und Sozialisationshintergründe. Darin gründen Spannungen, die jedoch im Zusammenleben produktiv nutzbar gemacht werden können. Da der Mensch grundsätzlich fehlbar ist und irren kann, gibt es weder sichere Erkenntnis noch unumstößliche Normen. Daraus resultiert eine grundsätzliche Offenheit für neue Erfahrungen und bessere Argumente, die jedoch ebenfalls revidierbar bleiben (vgl. Beck 1995, S. 461).

(2) Gesellschaftsbild

Da es absolute Maßstäbe nicht gibt und Erkenntnis prinzipieller Kritik und Überholbarkeit ausgesetzt ist, ist die „Offene Gesellschaft“ (Popper 1980) die angemessene Gesellschaftsform. Sie zielt nicht auf einen Idealzustand oder perspektivischen Fluchtpunkt im Sinne einer teleologischen Entwicklung hin, wie es etwa die Gesellschaftsutopie von *Karl Marx* vorspiegelt. Vielmehr entwickelt sie sich durch jeweils problemgetriebene Verbesserungen als „Stückwerktechnologie“, also durch kleinere, aber kumulative Fortschritte.

(3) Ontologie

Die Ontologie der Kritisch-rationalen Erziehungswissenschaft ist monistisch. Es gilt die Position des Kritischen Realismus, der eine subjektunabhängige Realität als gegeben annimmt und weiter deren prinzipielle Erkennbarkeit durch den Menschen (vgl. Beck 1995, S. 461). Zu dieser Realität gehört auch die menschliche Psyche, die ebenfalls rein naturwissenschaftlich verstanden wird, weshalb auch im Bereich des Psychischen nach entsprechend erklärbaren Strukturen und Prozessen gesucht wird. Eine Trennung zwischen Leib und Seele bzw. Körper und Geist wird daher abgelehnt (vgl. hierzu Beck 1994). Zu ergänzen ist hierzu allerdings, dass Popper in seinem Spätwerk, vor allem in Zusammenarbeit dem Neurophysiologen *John C. Eccles*, sich selbst eine dualistische Position zu eigen gemacht hat (vgl. Popper & Eccles 1977 / 1997).

(4) Theorie-Praxis-Verhältnis

Erziehungstheorie und Erziehungspraxis sind über die Technologie aufeinander beziehbar (vgl. Abschn. 2.4). Das heißt, Theorien können bei Vorliegen entsprechender Zielsetzungen[2] in technologisches Wissen transformiert werden. Die Rollen von Wissenschaftlern und Praktikern sind weder austauschbar noch partiell auswechselbar. Die Aufgabe von Erziehungswissenschaftlern ist, Theorien zu generieren und zu prüfen, die von Praktikern, konkrete pädagogische Probleme zu lösen, wobei sie sich wissenschaftlicher Theorien bedienen können.

---

[2] Die Zielsetzungen selbst müssen nach kritisch-rationaler Auffassung entweder hypothetisch gesetzt oder aber von außen – z. B. aus Lehrplänen – importiert werden.

4.5 Konstruktivismus

4.5.1 Erkenntnisinteresse und philosophischer Hintergrund

Vereinfacht lässt sich das Erkenntnisinteresse des Konstruktivismus als die (Re)Konstruktion der Welt durch den Menschen benennen. Konstruktion ist die Erkenntnisleistung des Menschen. Ob diese Erkenntnis die Wirklichkeit tatsächlich so abbildet, wie sie ist, bleibt fraglich. Nach dem Methodischen Konstruktivismus, für den vor allem die „Erlanger Schule" mit ihren Exponenten *Paul Lorenzen* (1915–1994) und *Wilhelm Kamlah* (1905–1976) steht und für den die Naturwissenschaften keine Beschreibung der Wirklichkeit geben, sondern vielmehr menschliche Konstruktionen über Naturphänomene liefern (vgl. König & Zedler 2002, S. 227), hat in jüngerer Zeit der Radikale Konstruktivismus wissenschaftstheoretische Bedeutung erlangt. Als Hauptvertreter können die beiden chilenischen Biologen *Humberto R. Maturana* und *Francisco Varela* mit ihrem Buch „Der Baum der Erkenntnis“ (1987) gelten, weiter ist insbesondere *Ernst von Glasersfeld* (1997) zu nennen, der den radikalen Konstruktivismus anderen Disziplinen annäherte. Zentrale Merkmale der radikal-konstruktivistischen Position sind (vgl. Beck & Krapp 2006, S. 70–71; vgl. auch Minnameier 1997):

- *Erkenntnistheoretischer Skeptizismus:* Die Existenz einer außerhalb des menschlichen Bewusstseins existierenden realen Welt wird zwar nicht bestritten, doch wird es als unmöglich angesehen, diese rational zu erfassen und zutreffend zu beschreiben.

- *Konstruktivismus:* Wissenschaft und ihre Methoden sind Werkzeuge, mit denen wir in unserem Bewusstsein die Welt konstruieren. Ob es für diese Konstruktionen tatsächlich eine Entsprechung in der Wirklichkeit gibt, können wir nicht mit Sicherheit aussagen.

- *Subjektivismus:* Jeder Mensch verfügt über eigene, individuelle Konstruktionen der Wirklichkeit. Da die Erfahrungen der Individuen mit ihren jeweiligen Lebenswelten divergieren, kann so etwas wie ein übereinstimmendes Wissen über die Welt nicht entstehen.

- *Pragmatismus:* Wahrheit und Falschheit im Sinne der Korrespondenztheorie der Wahrheit sind keine brauchbaren Kriterien zur Überprüfung von Wissen, weil ein Abgleichen mit der Realität als prinzipiell unmöglich angesehen wird. Wissen erweist sich vielmehr im Sinne der pragmatischen Wahrheitstheorie als brauchbar und geeignet („viabel“) oder es ist dies eben nicht der Fall.

- *Verständigung als Konsens:* Da die Erfassung der Bedeutung von Sprache immer auf Interpretation vor dem Hintergrund des individuellen Erfahrungshorizontes beruht, kann es keine völlige Identität von Auffassungen geben. Übereinstimmende Meinungen sind vielmehr das Ergebnis sozialen Aushandelns. Auch bei übereinstimmenden Aussagen mehrerer Personen bleibt fraglich, ob alle auch das Gleiche meinen.

Auf die Spielarten eines gemäßigten bzw. des Sozialen Konstruktivismus, der die Bedeutung gemeinsamen Handelns bei der Konstruktion von Wirklichkeit betont, kann hier aus Platzgründen nicht näher eingegangen werden (vgl. hierzu jedoch auch die Ausführungen in Abschn. 4.6 sowie als Ergänzung und Vertiefung Gerstenmaier & Mandl 1995; Minnameier 1997; Kukla 2000; Winter 2010).

4.5.2 Pädagogische Transformation

Die pädagogische Rezeption des Konstruktivismus ist bislang eher zurückhaltend erfolgt und dabei mehr auf den Bereich der Didaktik beschränkt geblieben (vgl. Terhart 1999, S. 629–647). Dies mag auch damit zusammenhängen, dass sich der Radikale Konstruktivismus in erster Linie als Erkenntnistheorie versteht. Nimmt man diese (Meta-)Ebene ein, so lassen sich die bisher behandelten wissenschaftstheoretischen Ansätze als unterschiedliche Konstruktionen von Pädagogik bzw. Erziehungswissenschaft ansehen, deren Fragestellungen und Grundbegriffe nicht aus der Wirklichkeit abzuleiten sind. Vielmehr handelt es sich um Konstruktionen, die sich bestimmte Menschengruppen von erziehungswissenschaftlicher Forschung und pädagogischem Handeln zu eigen gemacht haben (vgl. König & Zedler 2002, S. 236–237). Dabei tritt die Frage nach dem Wahrheitsgehalt der aus diesen Konstruktionsprozessen gewonnenen Erkenntnisse in den Hintergrund. Vielmehr kommt ihnen solange Gültigkeit zu, als sie einen Beitrag zu Sinnorientierung und praktischer Lebensbewältigung liefern, mit neuen Konstruktionen kompatibel sind und sich als nützlich erweisen. Ob die Konstruktionen auch Fiktionales umfassen, gilt nicht als entscheidend (vgl. Zabeck 2000, S. 489).

In didaktischer und lerntheoretischer Hinsicht ergibt sich aus dem Konstruktivismus folgende Konsequenz: Externe Impulse, die wir nicht einordnen können, setzen einen Organisationsprozess von Wissen in Gang, den letztlich nur das Individuum bewältigen kann. Da die Existenz objektiven Wissens in Frage gestellt wird, wird auch die Vorstellung von dessen instruktiver Vermittlung fragwürdig. Vielmehr müssen die Lernenden ihr Wissen individuell aufbauen (konstruieren), und Lehrer können dabei nur Hilfen geben. An die Stelle von Instruktion tritt die Moderation von Lernprozessen (vgl. Beck & Krapp 2006, S. 71). Lernaufgaben wären demnach so zu gestalten. dass sie dem Lernenden Impulse zur selbständigen Konstruktion von Wissen geben und ihn nicht nur mit fertigen Strukturen konfrontieren.

Abschließend soll auch mit Blick auf den Konstruktivismus versucht werden, die vier Merkmale anzusprechen.

(1) Menschenbild

Das Menschenbild ist biologisch ausgerichtet und sieht den Menschen als lebendes System, das in der Lage ist, in seiner Umwelt durch Anpassung und Selbstorganisation erfolgreich und wirksam zu handeln. Kognitionen stellen dabei ein internes relationales Gefüge dar, an dem vor allem der Aspekt des Funktionierens von Interesse ist (vgl. *Schneider* 1998, S. 198). Der Mensch besitzt die Fähigkeit, Wirklichkeit individuell so zu konstruieren und diese Konstruktionen entsprechend zu modifizieren, dass er handlungsfähig wird bzw. bleibt. Auch Sprache erfüllt primär diese Funktion.

(2) Gesellschaftsbild

Die Gesellschaft entwickelt sich durch Anpassung an die Umwelt, wobei auch hier das Konzept der Viabilität für gesellschaftlichen Fortschritt entscheidend ist. Im sozialen Umgang kommt es nicht auf tatsächliche Übereinstimmung von Erlebtem an, sondern darauf, über Kommunikation Übereinstimmung im Lebensvollzug zu erreichen.

(3) Ontologie

Realität gilt als handlungsabhängig (im Sinne viabler Konstruktionen) bzw. im Sozialkonstruktivismus auch als sprachabhängig, im Diskurs der Beobachter ausgehandelt und auf eine spezifische Situation bezogen. Damit kann die Wirklichkeit nicht richtig oder falsch erkannt werden (vgl. *Mayring* 1999, S. 295). Zwar wird die Existenz einer subjektunabhängigen Realität nicht prinzipiell bestritten, aber sie gilt als „ausschließlich über das subjektive Bewusstsein zugänglich und kann daher nur subjektgebunden erfasst und konstruiert werden“ (*Euler* 1994, S. 217). Nach *Schurz* (2011, S. 56) umfasst der Radikale Konstruktivismus zwei zentrale Thesen, die man als epistemologischen und ontologischen Konstruktivismus bezeichnen kann:

- Epistemologischer Konstruktivismus: Unsere Vorstellungen und sprachliche Repräsentationen der Wirklichkeit sind nichts Gegebenes und auch keine Abbilder der Wirklichkeit (eben gerade keine „Repräsentationen“ im strengen Sinn), sondern unsere eigenen subjektiven Konstruktionen.

- Ontologischer Konstruktivismus: Daher ist auch die Wirklichkeit selbst nicht objektiv gegeben, sondern lediglich das Ergebnis „autopoietischer“[3] Konstruktion.

Der Radikale Konstruktivismus erweist sich so bei näherem Hinsehen als eine moderne Form des Idealismus (vgl. ebd.), und das, obwohl die Konzeption des Radikalen Konstruktivismus u. a. auf die Neurobiologie gegründet, also auf einem naturwissenschaftlichen Fundament errichtet worden ist. Das liegt daran, dass „die radikal-konstruktivistische Argumentation ... am naiven Realismus klebt, insofern sie die *naiv-realistische* Deutung der Gegenstände unserer Aussagen dazu benutzt, *diese* Gegenstände als subjektiv konstruiert nachzuweisen (ebd., S. 57).

(4) Theorie-Praxis-Verhältnis

Als Erkenntnistheorie berührt der Konstruktivismus die Praxis nicht unmittelbar, sondern legt lediglich einen Gedanken nahe, der in der Praxis ohnehin verankert ist: Die Suche nach passenden, im Sinne von funktionalen, brauchbaren Problemlösungen. In didaktischer Hinsicht würde er einen Perspektivenwechsel hin zu selbstorganisiertem, schüleraktiven Lernen und eine Veränderung der Lehrerrolle hin zum Moderator von Lernprozessen unter Einbezug entsprechender methodischer und medialer Arrangements implizieren.

4.6 Kompatibilität und Pluralität von Paradigmen

4.6.1 Paradigmen-Pluralismus: Für und Wider

Am Ende des Durchgangs durch die ausgewählten pädagogischen Paradigmen stellt sich die Frage nach ihrer Kompatibilität, d. h. ob sie miteinander verträglich sind und ob man sie möglicherweise als Ganze oder auch in Teilen miteinander kombinieren kann. Die Antwort auf diese Frage lässt sich mit einem Blick auf die am Ende eines jeden Ansatzes angesprochenen Kriterien Menschenbild, Gesellschaftsbild,

[3] „Autopoiese“ ist ein Konzept der Theorie dynamischer Systeme, das zugleich Eingang in die *luhmannsche* Systemtheorie gefunden hat. Übersetzt heißt das „Selbsterschaffung“ und bedeutet, dass Systeme in der belebten und unbelebten Natur, und damit auch im Bereich des Psychischen und des Sozialen aus sich selbst heraus entstehen und sich selbst erhalten, wobei sich die dazu nötige Informationsverarbeitung systemintern vollzieht (was man auch als „Selbstreferentialität“ bezeichnet). Im Radikalen Konstruktivismus wird entsprechend hervorgehoben, dass menschliche Kognition nicht sozusagen nach außen reicht, sondern sich allein auf die Verarbeitung innerer neuronaler Reize stützt, die das kognitive bzw. biologische System selbst hervorbringt. Was im Radikalen Konstruktivismus aber unterbelichtet bleibt, ist die Tatsache, dass dynamische Systeme allein durch Interaktion mit ihrer Umwelt allererst entstehen und bestehen und daher weder strukturell noch operativ unabhängig von ihrer Umwelt sind.

Ontologie und Theorie-Praxis-Verhältnis leicht finden: Die besprochenen Ansätze sind *nicht* miteinander kompatibel, weil sie von verschiedenen Menschen- und Gesellschaftsbildern, von divergierenden Ontologien und auch abweichenden Sichtweisen des Verhältnisses von wissenschaftlicher Theorie und pädagogischer Praxis ausgehen. So sind z. B. das Menschen- und Gesellschaftsbild des Kritischen Rationalismus dem der Kritischen Theorie beinahe diametral entgegengesetzt, und die Ontologie der Geisteswissenschaftlichen Pädagogik ist deutlich reichhaltiger als die der Kritisch-rationalen Erziehungswissenschaft. Gleiches lässt sich für Grundbegriffe nachweisen, die in allen Forschungsansätzen gebraucht werden, wie etwa „Theorie", „Wahrheit" oder „Handeln" (vgl. Beck 1988, S. 59–75). Im Kontext der Kritischen Theorie ist Handeln auf Emanzipation bezogen, während es innerhalb des Kritischen Rationalismus funktionales und effizientes Handeln bedeutet. Auf den ersten Blick wahrnehmbare Gemeinsamkeiten zwischen den Paradigmen bestehen bei näherem Hinsehen häufig lediglich an der Sprachoberfläche, und sobald man sich auf die semantische Ebene begibt, stößt man auf unversöhnliche Divergenzen. Freilich können Inkonsistenzen, die aus der Vermischung unterschiedlicher Forschungsansätze herrühren, unbemerkt bleiben, wenn sich die jeweiligen Forschenden über deren unterschiedliche wissenschaftstheoretische Grundlagen selbst nicht im Klaren sind bzw. diffusen Menschen- und Gesellschaftsbildern oder Ontologien anhängen und infolge dessen zu Urteilsinkonsistenzen neigen (vgl. Beck 1995, S. 462).

Was bedeutet diese Situation für die erziehungswissenschaftliche Forschung und die pädagogische Praxis? Wenn man nach verschiedenen, wechselseitig inkompatiblen Paradigmen arbeitet, die auch teilweise von verschiedenen ontologischen Voraussetzungen ausgehen, dann bewegt man sich faktisch in verschiedenen „Welten". Und das gilt nicht etwa nur für die Theorie, sondern auch für pädagogisch-praktisches Denken und Handeln. Da man aber in den jeweiligen wissenschaftlichen und praktischen Lebenswelten paradigmenübergreifend zusammenarbeiten muss, liegt die Überlegung nahe, diesen Paradigmenpluralismus nicht nur zu akzeptieren, sondern ihn womöglich sogar zu kultivieren, indem man trotz aller Differenzen gewissermaßen „an einem Strang zieht".

Ganz in diesem Sinne hat Zabeck die Auffassung vertreten, die Erziehungswissenschaft müsse zur Erhaltung ihrer Außenlegitimität gegenüber einer interessierten und pluralistischen Öffentlichkeit einem breiten Erwartungshorizont gerecht werden und die entsprechenden Informationsbedürfnisse befriedigen, wozu die unterschiedlichen Paradigmen jeweils spezifische Beiträge leisten könnten (z. B. die Geisteswissenschaftliche Pädagogik zu Sinn- und Wertfragen, die Kritisch-rationale Erziehungswissenschaft hingegen zu nomologischem Wissen). Dabei müssten allerdings deren unterschiedliche Ausgangsprämissen deutlich werden, damit nicht das Bild einer mit vielen und verschiedenen Zungen sprechenden Wissenschaft entstehen kann (vgl. Zabeck 1992, S. 111–122). Ganz ähnlich argumentieren *Kell* und *Nickolaus* in ihrem Resümee zum wissenschaftstheoretischen Teil des Handbuchs für Berufs- und Wirtschaftspädagogik, in dem sie zum einen feststellen, in der Forschungspraxis werde „kaum nur einem Paradigma gefolgt, sondern häufig auf verschiedene Paradigmen rekurriert (pragmatischer Eklektizismus)" (2010, S. 389). Zum anderen folgern sie daraus für Fragen der Außenlegitimität: „In der Verwertungsperspektive des Praktikers stellt sich bei der Auseinandersetzung mit den verschiedenen Forschungsansätzen ... primär die Frage, welche Orientierungsleistung für die Praxis erwartet werden kann" (Kell & Nickolaus 2010, 389).

Welche Orientierung soll allerdings ein solcher „pragmatischer Eklektizismus" erbringen, wenn dabei inkonsistente oder auf inkonsistenten Basiskonzepten beruhende Aussagensysteme angeboten werden? Selbst wenn man die Einzelteile paradigmatisch sauber differenzieren würde, wäre es noch immer das genaue Gegenteil dessen, was man üblicherweise von wissenschaftlichen Theorien erwartet und erwarten darf, dass sie nämlich widerspruchsfrei und von großer Erklärungskraft sind (und Erklärungskraft ist ohne Widerspruchsfreiheit nicht zu haben) (vgl. auch Kornmesser & Schurz 2014).

So plausibel ein Plädoyer für Paradigmenpluralismus und pragmatischen Eklektizismus vielleicht auf den ersten Blick erscheinen mag, so problematisch ist es auf den zweiten. Was unter dem Anspruch auf Außenlegitimität formuliert wird, erweist sich nämlich nach innen und nach außen als *illegitim*, weil es zentrale Prinzipien jedweden wissenschaftlichen Arbeitens verletzt.

Dem Paradigmenpluralismus kann man aber dennoch etwas Positives abgewinnen, insofern er für wissenschaftlichen Wettbewerb steht. Wie auch sonst in der Marktwirtschaft, führt Wettbewerb dazu, dass sich die Konkurrenten anstrengen müssen, um ihre eigenen Produkte ggf. zu verbessern. Würde man in der Marktwirtschaft diesen Wettbewerb partiell aussetzen, entstünden Kartelle oder andere Formen von Wettbewerbsbeschränkung. So wäre es auch in der Wissenschaft, und die Abnehmer hätten davon keinen Nutzen, sondern erlitten einen Schaden. An zwei Beispielen soll nachfolgend erläutert werden, wie fatal es wäre, paradigmatische Unterschiede unter Verweis auf die „Einheit der Wissenschaft" verwischen oder „glattbügeln" zu wollen.

4.6.2 Verschiedenartige Konstruktivismen

Der Radikale Konstruktivismus als solcher wird – wie oben erwähnt – heute kaum noch vertreten. Stattdessen wird üblicherweise ein moderater Konstruktivismus propagiert, der unhaltbare Extrempositionen zu vermeiden versucht und sich so als vereinheitlichende Klammer anbietet. Allerdings verliert der Konstruktivismus (welcher auch immer) damit zugleich seine Konturen. Für sich genommen ist ein solcher gemäßigter Konstruktivismus unterbestimmt, weil er sich ja vor allem von den Extrempositionen einer objektivistischen Abbildtheorie der Erkenntnis einerseits und dem Radikalen Konstruktivismus andererseits abgrenzt (vgl. z. B. Dubs 1995; Gerstenmaier & Mandl 1995; Minnameier 1997b; Hasselhorn & Gold 2017, S. 229–236), also von den Positionen, die ohnehin (fast) niemand vertritt. An dieser mangelnden Bestimmtheit hat sich bis heute nichts geändert, so dass ein allgemeines Bekenntnis zum Konstruktivismus inhaltlich ziemlich leer ist.

Sowohl der Kritische Rationalismus als auch alle Spielarten des Pragmatismus können darunter subsumiert werden (vgl. Dinter 2001). Aber damit nicht genug! Es gibt z. B. auch Konstruktivisten, deren Auffassungen stark an die Kritische Theorie bzw. die emanzipatorische Erziehungswissenschaft angelehnt sind. So schreibt etwa *Kersten Reich* in seiner „konstruktivistischen Didaktik“ (2006):

> Eine systematische Didaktik ist teilnehmer-, lerner- bzw. schülerorientiert. Sie will Selbstbestimmung möglichst weit ermöglichen, sie sieht eine umfassende Selbsttätigkeit als Mindestbasis auch für reproduktives Lernen (sofern dies notwendig ist), sie will die Selbstverantwortung aller Teilnehmer umfassend stärken. Deshalb postuliert diese Didaktik auch, dass Lernende wie Lehrende Didaktiker sind, was ein neues Verständnis der Didaktik eröffnet. (Ebd., S. 35)

Das entspricht dem emanzipatorischen Anspruch auf nahezu bedingungslose Schülerorientierung, nach der die Lernenden selbst die pädagogischen Ziele vorgeben bzw. entwickeln sollen. Aber auch im Hinblick auf die Orientierung der Gesellschaft scheinen immanente Systemkritik und die Analyse politischer Interessen zentral zu sein:

> Es gibt keine gesellschaftliche Einigung über einen Mindestbestand an Bildung mehr, selbst kaum noch dann, wenn wir eine bloß formale Bildung wie die Rechtschreibung und Grammatik (die mittlerweile auch zum Streitfall wurden!) und einfache Kulturtechniken zum Ausgangspunkt nehmen. Bildung ist zum Streitpunkt unterschiedlicher gesellschaftlicher Interessen ohne Aussicht auf einen übergreifenden Konsens geworden und spiegelt darin die Zerrissenheit, Unübersichtlichkeit und Ambivalenz der Postmoderne. (Ebd., S. 96).

Und weiter:

> Bildung ist widersprüchlich, weil die Bildungsinhalte selbst nicht ohne Widersprüche auftreten. Je mehr die Universalisierungen der Moderne scheiterten, desto stärker treten unterschiedliche Interessen- und Machtgruppen in Verständigungsprozessen auf. (Ebd., S. 99)

Hier wird erneut der „doppelten Negativität" didaktischer Zielbestimmung das Wort geredet, genau wie im Kontext der früheren Emanzipatorischen Didaktik (s. Abschn. 4.3.2). Ähnliche „konstruktivistische" Ansätze finden sich auch im Bereich der Berufs- und Wirtschaftspädagogik, etwa bei *Arnold* (z.B. 2012; oder Arnold & Siebert 2006), aber auch, wenngleich vielleicht in abgeschwächter Form, im Bereich der Design-Based Research sensu *Euler* und *Sloane*, auf die im nächsten Abschnitt eingegangen wird.

Die scheinbar vereinheitlichende Klammer erweist sich folglich als Chimäre, hinter der die klassischen konkurrierenden Konzeptionen gewissermaßen „fröhliche Urständ feiern" (vgl. hierzu auch Rosenberg 2015). Die Inkompatibilitäten bleiben bestehen. Ein so konzipierter „gemäßigter Konstruktivismus" kann daher nur inhaltliche Verwässerung bedeuten, was den Fortschritt in der Erziehungswissenschaft nur behindert und für die pädagogische Praxis außer Verwirrung nichts Substantielles beiträgt.

4.6.3 Design-Based Research versus Kritischer Rationalismus

Seit etwa 20 Jahren wird eine heftige Auseinandersetzung über Forschungsparadigmen geführt, die sich zunächst an der Kontroverse um Modellversuchsforschung versus Grundlagenforschung im Bereich der Berufs- und Wirtschaftspädagogik entzündete (vgl. Euler & Sloane 1998; Euler 2003; 2011; Beck 2003; 2005), die aber im Kern eine zwischen einer sozial-konstruktivistischen und einer kritisch-rationalen Forschungsausrichtung ist. Die sozial-konstruktivistische Position der Modellversuchsforschung steht in der Tradition von geisteswissenschaftlicher Phänomenologie und Kritischer Theorie (vgl. insbes. Sloane 1992; 2014) sowie einer bestimmten Spielart des Pragmatismus, die sich vor allem mit dem Namen *Paul Feyerabend* verbindet (vgl. insbes. Euler 2014). Letztere stellt besonders auf die Situations- bzw. Problemspezifität theoretischer Entwürfe ab und versucht so einen anwendungsbezogenen Pragmatismus und generellen Pluralismus – von „Theorien mittlerer Reichweite" – zu begründen (vgl. insbes. Euler 2014; 2018).[4]

[4] Zu verschiedenen Begriffen von „Theorie" vgl. auch *Seiffert* (1989) sowie *Horlebein* (2002).

Beck argumentiert dagegen, Theorien müssten streng deskriptiv formuliert und generalisierte Kausalzusammenhänge (Gesetzesaussagen mit Wenn-Dann-Struktur) postulieren (2015, S. 54). Sie ließen sich entsprechend „nicht umstandslos auf den Einzelfall beziehen", berücksichtigten ferner „nur eingegrenzte Ausschnitte aus der Realität und nicht etwa die gesamte Bedingungskonstellation, unter der Praxis ausgeübt wird", und sie müssten „um Verhaltensrelevanz zu erlangen, im Praktiker einen kognitiven Rezeptionsprozess durchlaufen" (ebd., S. 55).

Modellversuchsforschung hingegen versteht sich als konkrete Gestaltungaufgabe, an der Wissenschaftler und Praktiker gemeinsam arbeiten. Das Theorieverständnis ist ein völlig anderes. So schreibt bspw. *Euler*: „Theorien bezeichnen erfahrene oder gewünschte Vorstellungen über einen ausgewählten Lebensbereich. In diesem weiten Verständnis ist die Bildung von Theorien nicht auf die Wissenschaft begrenzt (sog. wissenschaftliche Theorien), sondern sie erfolgt auch in der Alltagspraxis (Alltagstheorien)" (1995, 227). Und die gestaltungsorientierte Forschung versteht sich als „eine Kooperation zwischen Forscherinnen und Akteuren der Berufsbildungswirklichkeit" (Sloane 2014, S. 120). Man mag sich hier an *Erich Wenigers* Theorien ersten, zweiten und dritten Grades erinnert fühlen (vgl. Abschn. 4.2.2).

Den „Theorien", von denen im Rahmen von Modellversuchsforschung die Rede ist, spricht *Beck* auf dieser Basis die Wissenschaftlichkeit ab, da diese als unmittelbare Beiträge zur Praxisgestaltung sowohl normative Aussagen enthielten als auch den – auch für eine angemessene empirische Absicherung – erforderlichen Allgemeinheitsanspruch verfehlten (2015, S. 57).

Sloane (2017) hält demgegenüber *Beck* entgegen, er würde den paradigmatischen Ansatz von Design-Based Research nicht ernst nehmen und die Modellversuchsforschung lediglich aus seiner eigenen kritisch-rationalen Sichtweise beurteilen. Hier bezieht sich *Sloane* auf die phänomenologische Tradition von *Martin Heidegger*, *Edmund Husserl* und *Alfred Schütz*, stützt seinen Ansatz aber zugleich auch auf die sog. „Objektive Hermeneutik" sensu *Ulrich Oevermann* (vgl. Sloane 2014, S. 120; vgl. auch 1992, S. 115–119), die ihrerseits auf die Kritische Theorie ufbaut. Mit *Habermas* wirft er dem Kritischen Rationalismus vor, er „wolle eine gleichsam kosmische Ordnung bestimmen, ohne dabei zur Kenntnis zu nehmen, dass diese kosmische Ordnung immer schon Ausdruck des gesellschaftlichen Lebens sei" (Sloane 1992, S. 45) und bringt seine Sichtweise auf folgende Formel: „*Wissenschaft entwickelt vorläufig gültige und vom Forschungsprozeß abhängige Erkenntnisse (subjektvariante Erkenntnisse)*" (ebd.). So wird wissenschaftliche Begleitung als Modellversuchsforschung verstanden als „*agentive Gestaltung von Alltag sowie reflexive Überhöhung des Alltags*" (ebd., S. 48; vgl. auch 2014, S. 120).

Zunächst lässt sich feststellen, dass die beiden Auffassungen definitiv nicht miteinander kompatibel sind. Das gilt für den Anspruch auf Objektivität und damit verbunden die zugrunde gelegte Ontologie, und es gilt ebenso für die Methodologie und die Haltung zur Werturteilsfrage.

Eine weitergehende Frage wäre jedoch, ob Design-Based Research sensu *Euler* und *Sloane* nicht vielleicht kompatibel wäre mit den in Kapitel 3 angesprochenen pragmatistischen Weiterentwicklungen der am Kritischen Rationalismus orientierten Auffassung von Wissenschaft. Diese beinhalten ja u. a. die genuine Einbeziehung von Fragen der Gestaltung (i. S. technologischer Theorien) und Fragen ethischer Normativität (i. S. ethischer Theorien) in den umfassenden Bereich wissenschaftlicher Theoriebildung und empirischer Forschung. Bedenkt man zudem, dass sowohl die Weiterentwicklungen der Kritischen Theorie (vgl. insbes. Apel 1973; 1979 sowie Habermas 1981 / 2011; 2004) als auch die hier thematisierte Vorstellung von Design-Based Research pragmatistisches Gedankengut aufgreifen, so liegt die Überlegung nahe, dass es evtl. doch einen Fluchtpunkt gibt, auf den hin die Paradigmen am Ende integrierbar sind.

Dies ist jedoch nicht der Fall. Zwar ist zu konzedieren, dass bestimmte Auffassungen heute paradigmenübergreifend weitgehend geteilt werden. Die Wissenschaftlichkeit ethischer und strategischer Rationalität zum Beispiel wird heute kaum noch bestritten. Eher streitet man darüber, wie sie jeweils genau zu fassen sind. Auch verläuft die methodologische Trennlinie schon lange nicht mehr zwischen qualitativer und quantitativer Forschung. Vielmehr werden beide Methoden von allen als relevant angesehen (vgl. z. B. Renkl 1999; Brahm & Jenert 2014; Schurz 2014; vgl. auch Kap. 5). Aber die oben angesprochenen grundlegenden Unterschiede bleiben bestehen, und sie liegen tiefer als die eben angesprochenen Aspekte (vgl. hierzu ausführlich Rosenberg 2015).

Entsprechend kann man z. B. auch innerhalb des Design-Based Research grundverschiedene Zugangsweisen finden und voneinander unterscheiden. Auf der einen Seite ist die beschriebene Modellversuchsforschung zu nennen, die sich vor allem als Praxisreflexion und teilnehmende Gestaltung mit Praktikern versteht. Auf der anderen Seite sind im engeren Sinne technologisch orientierte Ansätze zu nennen, die sich gerade von einer solchen Verschränkung von Theorie und Praxis distanzieren (vgl. hierzu etwa Reinmann 2014, aber auch Alisch 1995 und 1997 sowie Minnameier 2015).

Wenn sich wechselseitig inkompatible Ansätze zwar nicht direkt integrieren lassen, so lassen sie sich dennoch zusammenführen, indem man die Ansprüche des einen Ansatzes aus der Perspektive des anderen aufgreift und rekonstruiert (vgl. Schurz 2014). *Karl Homann* hat das beispielsweise für den Bereich der Wirtschaftsethik gezeigt (vgl. 2014). Rekonstruiert man Design-Based Research aus Sicht der in Kapitel 3 entwickelten pragmatistischen Position, so wäre sie unter dem Gestaltungsaspekt zunächst dem Bereich technologischer Theorien zuzuordnen. Im Sinne von *Euler* und *Sloane* würde allerdings jeder von – bzw. gemeinsam mit – pädagogischen Praktikern entwickelte Entwurf als „Theorie" gelten, obwohl solche Entwürfe nicht generalisierbar sind und nach ihrer Auffassung auch gar nicht generalisierbar sein sollen (kritisch hierzu Minnameier 2001). Designs dieser Art wären insofern eher als pragmatische Handlungsentwürfe anzusehen, die überwiegend beobachtungssprachlich formuliert sind und sich gerade darin von abstrakten, dafür aber universelle Gültigkeit beanspruchenden wissenschaftlichen Theorien unterscheiden.

Das soll die Dignität solche Konzeptionen nicht in Abrede stellen – im Gegenteil! Handlungspläne und allgemeine Leitlinien oder Strategien sind sehr wohl „Theorien" des praktischen Handelns, das durch sie angeleitet wird, ebenso wie z. B. eine Gebrauchsanleitung eine „Theorie" für den Umgang mit einem technischen Gerät darstellt. Ähnliches kann man sogar für das Verhältnis von sinnlichem Erleben und faktischem Verhalten sagen, wie wir es vom sog. „impliziten Wissen" kennen (vgl. Neuweg 2004; 2015). Hier wird die Situation sinnlich verstanden und dieses *(insofern theoretische) Verständnis* im Erleben leitet zugleich das *(praktische) intuitive Handeln*. Die Bedeutung der Handlungsregulation auf den angesprochenen Ebenen ist für die Erziehungswissenschaft gar nicht zu unterschätzen. Aber wissenschaftliche Theorien in der Tradition der Analytischen Philosophie hätten demgegenüber eben aufzuklären, wie implizites Wissen funktioniert und warum beispielsweise bestimmte Unterrichtsstrategien ihren Zweck erfüllen und andere nicht. Erziehungswissenschaftliche und psychologische Theorien leisten dies auch. Sie erlauben es, Lernprozesse und ihre Anleitung im Lichte psychologischer Lerntheorien zu rekonstruieren, zu analysieren und auch pädagogische Interaktionen systematisch zu gestalten. Aus analytischer Perspektive handelt es sich bei den verschiedenen paradigmatischen Ansätzen dann nicht mehr um alternative, miteinander konkurrierende Theoriekonzepte, sondern um komplementäre, systematisch aufeinander aufbauende begriffliche Strukturen; und als „wissenschaftliche Theorien" kämen entsprechend nur Konstruktionen auf theoriesprachlichem Niveau sensu *Carnap* in Frage (vgl. Abschnitt 2.2).

Übungs- und Vertiefungsaufgaben zu Kapitel 4

1. Erläutern Sie den hermeneutischen Zirkel an einem passenden Beispiel.

2. Welcher Unterschied besteht nach Dilthey zwischen „Erklären“ und „Verstehen“?

3. Worin unterscheiden sich die geisteswissenschaftlich-hermeneutische und die emanzipatorische Erziehungswissenschaft?

4. Was bedeutet die „doppelte Negativität“ des Normativitätsproblems im Kontext der emanzipatorischen Erziehungswissenschaft?

5. Für den Kritischen Rationalismus ist Fallibilität ein zentrales Konzept. Was ist damit gemeint, und wie schlägt sich Fallibilität forschungsmethodologisch nieder?

6. Inwiefern unterscheidet sich der Kritische Rationalismus unter dem ontologischen Aspekt von der geisteswissenschaftlich-hermeneutischen Position?

7. Worin besteht das Problem der Theoriebeladenheit der Erfahrung?

8. Was bedeutet „Viablität“ im Kontext des Konstruktivismus?

9. Welche Konsequenzen hätte ein radikaler Konstruktivismus im didaktischen Kontext?

10. Informieren Sie sich über verschiedene Spielarten des Konstruktivismus und vergleichen Sie sie systematisch im Hinblick auf Bezüge zu den hier diskutierten Paradigmen.

11. Informieren Sie sich näher über Konzepte von Desgin-Based Research und versuchen Sie sie wissenschaftstheoretisch zu analysieren und paradigmatisch einzuordnen.

12. Setzen Sie sich kritisch mit der (wissenschaftsinternen) Forderung nach einem „pragmatischen Eklektizismus“ auseinander.

5 Ausblick: Methodologie und Forschungsmethoden

Zur Methodologie und Methodik vornehmlich quantitativer Forschungsdesigns existieren seit Jahrzehnten umfangreiche Lehrbücher, die inzwischen in mehreren Auflagen erschienen sind und als Standardwerke gelten können, u. a. die von *Atteslander* (2010), *Bortz* und *Döring* (2016), *Bortz* und *Schuster* (2010), *Kromrey, Roose* und *Strübing* (2016) sowie *Schnell, Hill* und *Esser* (2013).

In der Erziehungswissenschaft sind seit den 70er Jahren des vergangenen Jahrhunderts neben den quantitativen Designs der empirischen Sozialforschung außerdem qualitative Ansätze getreten und können inzwischen als fest etabliert gelten. Das zeigt sich nicht nur im Vorliegen erster umfangreicher Bilanzierungen der qualitativen Forschung in der Erziehungswissenschaft wie z. B. in dem zweibändigen Werk von *König* und *Zedler* (1995), sondern auch im Erscheinen von Handbüchern zu qualitativen Forschungsdesigns in Erziehungswissenschaft (Friebertshäuser & Prengel 1997) und Psychologie (Mey & Mruck 2010) sowie in der Diskussion methodologischer und methodischer Qualitätsstandards qualitativer Forschung innerhalb der *DGfE* (vgl. Helsper, Herwartz-Emden & Terhart 2001). Als exponierte Praxisfelder qualitativer erziehungswissenschaftlicher Forschung können Kindheits- und Jugendforschung, Unterrichts- und Schulforschung, Frauenforschung, Biographieforschung und Erwachsenenbildung gelten.

Wurden quantitative und qualitative Forschung zunächst als Alternativen und in einem Konkurrenzverhältnis gesehen, so ist an die Stelle dieser Sichtweise inzwischen ein weitgehender Konsens über die Komplementarität quantitativer und qualitativer empirischer Forschungsdesigns getreten (allerdings so, dass beide Methoden unter je verschiedenen Paradigmen auf jeweils unterschiedliche Weise genutzt und miteinander verbunden werden). Danach lassen sich für beide Forschungsrichtungen sowohl Potentiale als auch Defizite konstatieren (vgl. van Buer 1984). An Stelle der ehemaligen Überschätzung empirisch-quantitativer Befunde und der Unterschätzung empirisch-qualitativer Ergebnisse steht inzwischen die Einsicht, dass Letztere die Defizite der Ersteren ausgleichen können. Vor dem Hintergrund, dass auch quantitative Befunde – ähnlich den qualitativen Ergebnissen – häufig nur vorläufige Daten darstellen, tritt *Renkl* (1999) für eine vermehrte Akzeptanz qualitativer Auswertungen in der Lehr-Lern-Forschung ein.

In diesem Zusammenhang der wechselseitigen Ergänzung quantitativer und qualitativer Forschung hat ein Forschungsansatz von sich reden gemacht: die *Triangulation*. Ursprünglich stammt dieser Begriff aus der Landvermessung. In seiner forschungsmethodologischen Semantik bedeutet er, einen Forschungsgegenstand von mehreren Seiten aus zu untersuchen und dabei auch auf verschiedene Methoden und Datenquellen zurückzugreifen, was allerdings eine umfängliche forschungsmethodische Kompetenz impliziert. Für die Triangulation quantitativer und qualitativer Forschung stellt *Flick* (2011, S. 75–96) ein differenzierendes Konzept vor, das die zeitliche Verknüpfung, Forschungsmethoden, Daten und Befunde umfasst. In seinem Fazit räumt er jedoch ein, dass in der Forschungspraxis noch viele Fragen ungelöst seien. Dies zeigt sich darin, dass eine Forschungs- und Konzeptpragmatik vor methodischer Systematik rangiert, die Integration qualitativer und quantitativer Forschung auf ein Nebeneinander bzw. eine Über- / Unterordnung hinauslaufe oder sich nur auf den Vergleich von Ergebnissen beziehe. *Flick* macht deutlich, dass für gelingende Triangulation in einem Projekt quantitative und qualitative Forschung nicht lediglich getrennt betrieben werden dürfen, sondern eine systematische Verknüpfung zu leisten und die logische Beziehung zwischen beiden offen zu legen ist. Weiter sind Bewertungskriterien auszuweisen, die beiden Forschungsansätzen angemessen sind.

Der idealtypische Aufbau empirischer Untersuchungen im Rahmen der analytisch-empirischen Erziehungswissenschaft lässt sich in folgende Arbeitsschritte bündeln (vgl. Kromrey, Roose & Strübing 2016, S. 69–73):

- Klärung des „Entdeckungs-“ und des „Verwertungszusammenhangs“ (Problemstellung)
- Präzisierung der Problemformulierung, dimensionale Analyse des Forschungsgegenstands
- Zuordnung von geeigneten Begriffen zu den als relevant erachteten Dimensionen
- Einordnung der Problemstellung in vorhandene Kenntnisse (Theorien, Forschungsergebnisse, Methoden) und Hypothesenbildung
- Auswahl von Indikatoren für die verwendeten Begriffe und Operationalisierung
- Festlegung der Objekte (Merkmalsträger) und Entscheidung über Art und Umfang der Stichprobe
- Erhebung und Aufbereitung der Daten
- Interpretation und Diskussion der Ergebnisse
- Dokumentation des Forschungsprozesses

Folgt man dem in den Kapiteln 2 und 3 entwickelten methodologischen Rationale, so kann man Forschungsmethoden und Forschungsablauf gut in Anknüpfung an den pragmatistisch-inferentiellen Ansatz auswählen, diskutieren und orchestrieren:

- *Problemstellung:* Eine wissenschaftliche Fragestellung kann an allen Inferenzen ansetzen, denn jede Inferenz löst ein spezifisches Problem. Wäre dem nicht so, bräuchte es die betreffende Inferenz gar nicht. Das Problem steckt dabei in den Prämissen, von denen ausgehend ein Ergebnis erschlossen wird. Bei der *Abduktion* sind dies die erklärungsbedürftigen Phänomene, die im Rahmen der Problemstellung als erklärungsbedürftig herausgearbeitet werden müssen. Geht es um technologische Fragen (z. B. des Einsatzes von Lehrmethoden), so wäre die Ineffektivität einer Methode oder die Optimierungsfrage als spezifisches Problem herauszuarbeiten. Bei der *Deduktion* geht es um die Frage, was aus einer Theorie allgemein oder in einem spezifischen Kontext folgen würde. Bei der *Induktion* besteht die Frage darin, wie man klären kann, welche Theorie anzunehmen bzw. abzulehnen ist.

- *Abduktive Fragestellungen:* Diese betreffen Fragen der Theorieentwicklung. Sie basieren auf einer empirischen Basis in Form eines faktischen Problems, bedürfen aber selbst keiner empirischen Methoden. Allerdings kann theoretische Reflexion empirisch unterstützt werden, etwa wenn man im Sinne der Grounded Theory qualitative Verfahren nutzt, um aus den gewonnenen Daten theoretische Hypothesen abzuleiten. Auf jeden Fall wird damit aber der Prozess der Konzeption bzw. Rekonstruktion wissenschaftlicher Theorien beschrieben, der notwendig ist, damit auf dieser Basis überhaupt sinnvoll Operationalisierungen erfolgen können. Oft wird in der praktischen Forschung versucht, direkt zu operationalisieren, indem man etwa Testaufgaben für bestimmte Kompetenzen entwickelt und einsetzt, ohne die Kompetenzen zuvor theoretisch expliziert zu haben. Wenn die so entwickelten Tests wissenschaftliche Gütekriterien erfüllen, dann hat man auf diese Art eher ein Phänomen wissenschaftlich „dingfest" gemacht, als eine Theorie geprüft. Das beste Beispiel hierfür ist die Intelligenzforschung. Dass es eine allgemeine Intelligenz – und daneben auch spezifische Intelligenzen gibt – wurde auf Basis psychometrischer Forschung schnell klar. Mit der theoretischen Frage, was Intelligenz *ist*, tat man sich jedoch schwer, weshalb die Definitionen von Intelligenz und auch die Theorien über Intelligenzstrukturen lange ungeklärt blieben. Berühmt ist in diesem Zusammenhang die lapidare Aussage „Intelligenz ist, was ein Intelligenztest misst", die tautologisch und inhaltsleer ist und auf den Psychologen *Edwin Boring* (1923) zurückgeht.

- *Deduktive Fragestellungen:* Sie bestehen im Bereich der erfahrungswissenschaftlichen Forschung in der eben angesprochenen „Operationalisierung" theoretischer Konstrukte und Zusammenhänge. Fragebogen, Interviewleitfäden, Experimente oder auch Analysen relevanter Datensätze, werden dabei unter der Fragestellung geplant, was aus der Theorie im Hinblick auf die so gewonnenen bzw. ausgewählten Daten folgen bzw. nicht folgen würde und wie man so die theoretischen Hypothesen prüfen kann. Hier geht es um die Auswahl passender Untersuchungsdesigns und Stichproben.

- *Induktive Fragestellungen* beziehen sich schließlich auf die Frage, ob eine Theorie am Ende angenommen oder zurückgewiesen wird (oder ob man es auf der Basis der bisherigen Ergebnisse noch nicht entscheiden kann). Maße für statistische und praktische Bedeutsamkeit, für Reliabilität und Validität kommen hierbei zum Einsatz. In diesem Kontext eignen sich vor allem quantitative Verfahren. Es gibt jedoch auch das sog. entscheidende Experiment (*experimentum crucis*), bei dem ein entsprechender Ausgang des Experiments die fragliche Hypothese unmittelbar bestätigt oder aber widerlegt. Bestes Beispiel ist das Experiment von *Alain Aspect* und Kollegen (1982) mit dem ein von der Quantentheorie vorausgesagter Effekt (Quanten-Nichtlokalität) bestätigt werden konnte, den u.a. *Albert Einstein* für unmöglich gehalten hat. In der Berufs- und Wirtschaftspädagogik sind solch rigorose Experimente u.W. bislang nicht bekannt, aber quasi-experimentelle Untersuchungen, in denen verschiedene Lehr-Lern-Arrangements gegeneinander getestet werden, sind durchaus gebräuchlich (vgl. z.B. Sembill et al. 2002; Seifried 2004; Nickolaus, Heinzmann & Knöll 2005) [1]. Ansonsten ist im induktiven Kontext der Theorienprüfung zu beachten, dass oftmals sowohl qualitative als auch quantitative Verfahren zum Einsatz kommen, weil letztere häufig reliablere Ergebnisse erbringen als erstere, während qualitative Verfahren oftmals als valider eingeschätzt werden (vor allem, wenn die Validität als Inhaltsvalidität anhand durch Expertenurteile bestimmt wird).

Diese Zusammenhänge im forschungsmethodischen Kontext könnten noch weiter ausdifferenziert werden (vgl. hierzu Minnameier 2005; 2017). Und das gilt noch mehr für die die Forschungsmethoden und Verfahren zur Datenauswertung, hinsichtlich derer auf die o.g. Literatur zur empirischen Sozialforschung verwiesen wird. Zentral ist jedoch – und das sollte hier in Grundzügen gezeigt werden –, dass Forschungsmethoden und Datenauswertung stets in einem umfassenderen wissenschaftstheoretischen Kontext verstanden werden müssen, weil dieser ihnen allererst Sinn verleiht und eine systematische Planung und Evaluation von Forschungsarbeiten und Forschungsprogrammen ermöglicht.

[1] Dies sind aber keine „entscheidenden Experimente" im o.g. Sinn. Selbst wenn den strengen Bedingungen experimenteller Forschung (Ausschalten, Kontrolle oder Randomisierung von Unterschieden zwischen den Untersuchungsgruppen) eingehalten werden, so werden in aller Regel lediglich Unterschiede in der Wirksamkeit verschiedener Treatments gemessen, nicht jedoch spezifische theoretische Hypothesen bzgl. der Wirkungsweise konkurrierend getestet (vgl. auch Abschn. 2.5).

Übungs- und Vertiefungsaufgaben zu Kapitel 5

1. Überlegen Sie, wie man qualitative und quantitative Forschung systematisch voneinander unterscheiden kann. Bedenken Sie dabei, was sie jeweils im Kontext der Operationalisierung theoretischer Konzepte und der wissenschaftlichen Gütekriterien (insbesondere Reliabilität und Validität) leisten können.

2. Was bedeutet Triangulation im wissenschaftstheoretischen Kontext?

3. Welche Schritte und Aspekte sind im Sinne des idealtypischen Forschungsablaufs bei einer wissenschaftlichen Untersuchung zu berücksichtigen?

4. Nehmen Sie Bezug auf eine Forschungsfrage Ihrer Wahl und überlegen Sie, wie eine Untersuchung im Sinne des idealtypischen Forschungsverlaufs zu konzipieren und durchzuführen wäre.

Literaturverzeichnis

Abel, Jürgen (1997): Studieninteresse und Interessenstruktur von Lehramtsstudierenden. In: Bayer, Manfred; Carle, Ursula; Wildt, Johannes (Hrsg.): Brennpunkt: Lehrerbildung. Strukturwandel und Innovationen im europäischen Kontext. S. 273–285. Opladen: Leske + Budrich

Adorno, Theodor W. (1997): Erziehung nach Auschwitz. In: Gesammelte Schriften. Bd. 10. S. 674–690. Frankfurt am Main: Suhrkamp

Adorno, Theodor W. (2006): Theorie der Halbbildung. Frankfurt am Main: Suhrkamp

Adorno, Theodor W.; Albert, Hans; Dahrendorf, Ralf; u. a. (Hrsg.) (1972): Der Positivismusstreit in der deutschen Soziologie. Neuwied: Luchterhand

Adorno, Theodor W.; Horkheimer, Max (1988): Dialektik der Aufklärung: Philosophische Fragmente. Frankfurt am Main: Fischer

Albert, Hans (1968/1991): Traktat über kritische Vernunft. 5., verb. u. erw. Aufl., Tübingen: Mohr

Albert, Hans (1972a): Theorie und Praxis und das Problem der Wertfreiheit und der Rationalität. In: Albert, Hans: Konstruktion und Kritik: Aufsätze zur Philosophie des kritischen Rationalismus. S. 41–73. Hamburg: Hoffmann und Campe

Albert, Hans (1972b): Wissenschaft, Technologie und Politik: Zur Problematik des Verhältnisses von Erkenntnis und Handeln. In: Albert, Hans: Konstruktion und Kritik: Aufsätze zur Philosophie des kritischen Rationalismus. S. 74–93. Hamburg: Hoffmann & Campe

Albert, Hans (1978): Traktat über rationale Praxis. Tübingen: Mohr Siebeck

Albert, Hans (2000): Kritischer Rationalismus: Vier Kapitel zur Kritik illusionären Denkens Tübingen: Mohr Siebeck

Albert, Hans (2011): Kritische Vernunft und rationale Praxis. Tübingen: Mohr Siebeck

Alegre, María, Caamaño (2913): Pragmatic norms in science. Synthese 190, S. 3227–3246

Alisch, Lutz-Michael (1995b): Grundlagenanalyse der Pädagogik als strenge praktische Wissenschaft. Berlin: Duncker & Humblot

Alisch, Lutz-Michael (1997): Technologische Theorien. In: Stachowiak, Herbert (Hrsg.): Pragmatik – Handbuch pragmatischen Denkens: Bd. V: Pragmatische Tendenzen in der Wissenschaftstheorie. S. 403–442. Darmstadt: Wissenschaftliche Buchgesellschaft

Apel, Karl-Otto (1973): Transformation der Philosophie (2 Bde.). Frankfurt a. M.: Suhrkamp

Apel, Karl-Otto (1979): Die Erklären-Verstehen-Kontroverse in transzendentalpragmatischer Sicht. Frankfurt a. M.: Suhrkamp

Arnold, Rolf (2012): Ich denke, also bin ich: Eine systemisch-konstruktivistische Didaktik. 2. Aufl., Heidelberg: Auer

Arnold, Rolf; Lipsmeier, Antonius (Hrsg.) (1995): Handbuch der Berufsbildung. Opladen: Leske + Budrich

Arnold, Rolf; Sieber, Horst (2006): Konstruktivistische Erwachsenenbildung: Von der Deutung zur Konstruktion von Wirklichkeit. 5. Aufl., Baltmannsweiler: Schneider-Verlag Hohengehren

Aspect, Alain; Grangier, Philippe; Roger, Gérard (1982): Experimental Realization of Einstein-Podolsky-Rosen-Bohm Gedankenexperiment: A New Violation of Bell's Inequalities. In: Physical Review Letters 49, S. 91–94

Atteslander, Peter (2010): Methoden der empirischen Sozialforschung. Neu bearb. u. erw. Aufl., Berlin: Erich Schmidt

Barker, Gillian; Kitcher, Philip (2013): Philosophy of science: A new introduction. Oxford: Oxford University Press

Beck, Klaus (1983): Lehrerausbildung als „Verbindung" von Theorie und Praxis? – Über den Status von Theorien im Kontext der Lehrerrolle. In: Pädagogische Rundschau 37, S. 145–169

Beck, Klaus (1988): Dimensionen des Handlungsbegriffs aus didaktischer Sicht. In: Czycholl, Reinhard; Ebner, Hermann (Hrsg.): Zur Kritik handlungsorientierter Ansätze in der Didaktik der Wirtschaftslehre. S. 59–75. Oldenburg: BIS-Verlag

Beck, Klaus (1989): „Ökonomische Bildung" – Zur Anatomie eines wirtschaftspädagogischen Begriffs. In: Zeitschrift für Berufs- und Wirtschaftspädagogik 85, H. 7, S. 579–595

Beck, Klaus (1992): Ökonomische Bildung im Spannungsfeld von Anspruch und Wirklichkeit: Empirische Befunde und pädagogische Erwartungen. In: Achtenhagen, Frank; John, Ernst G. (Hrsg.): Mehrdimensionale Lehr-Lern-Arrangements: Innovationen in der kaufmännischen Aus- und Weiterbildung. S. 564–583. Wiesbaden: Gabler

Beck, Klaus (1994): Das Leib-Seele-Problem und die Erziehungswissenschaft – Ein Orientierungsversuch. In: Pollak, Guido; Heid, Helmut (Hrsg.): Von der Erziehungswissenschaft zur Pädagogik?. S. 227–267. Weinheim: Deutscher Studien Verlag

Beck, Klaus (1995): Theorieansätze. In: Arnold, Rolf; Lipsmeier, Antonius (Hrsg.): Handbuch der Berufsbildung. S. 457–464. Opladen: Leske + Budrich

Beck, Klaus (2000): Zur Lage der Lehr-Lern-Forschung – Defizite, Erfolge, Desiderate. In: Unterrichtswissenschaft 28, H. 1, S. 23–29

Beck, Klaus (2003): Erkenntnis und Erfahrung im Verhältnis zu Steuerung und Gestaltung. In: Zeitschrift für Berufs- und Wirtschaftspädagogik 99, H. 2, S.232–250

Beck, Klaus (2010): Berufsbildungsforschung im Paradigma des Kritischen Rationalismus. In: Nickolaus, Reinhold; Pätzold, Günter; Reinisch, Holger u. a. (Hrsg.): Handbuch Berufs- und Wirtschaftspädagogik. S. 373–378. Bad Heilbrunn: Klinkhardt

Beck, Klaus; Krapp, Andreas (2006): Wissenschaftstheoretische Grundfragen der Pädagogischen Psychologie. In: Krapp, Andreas; Weidenmann, Bernd (Hrsg.): Pädagogische Psychologie – Ein Lehrbuch. S. 33–73. München, Weinheim: Beltz/PVU

Beck, Klaus; Krumm, Volker (1998): Wirtschaftskundlicher Bildungs-Test (WBT). Göttingen, Bern, Toronto: Hogrefe

Böhm, Jan M.; Holweg, Heiko; Hoock, Claudia (Hrsg.) (2002): Karl Poppers kritischer Rationalismus heute. Tübingen: Mohr Siebeck

Boring, Edwin G. (1923): Intelligence as the tests test it. In: The New Republic. 36, S. 35–37

Bortz, Jürgen; Döring, Nicola (2016): Forschungsmethoden und Evaluation in den Human- und Sozialwissenschaften. 5. Aufl., Berlin: Springer

Bortz, Jürgen; Schuster, Christof (2010): Statistik für Human- und Sozialwissenschaftler. 7. Aufl., Berlin: Springer

Brahm, Taiga; Jenert, Tobias (2014): Wissenschafts-Praxis-Kooperation in designbasierter Forschung: Im Spannungsfeld zwischen wissenschaftlicher Gültigkeit und praktischer Relevanz. In: Euler, Dieter; Sloane, Peter F. E. (Hrsg.): Design-Based Research. In: Zeitschrift für Berufs- und Wirtschaftspädagogik Beiheft 27, S. 45–61. Stuttgart: Steiner

Brezinka, Wolfgang (1972): Von der Pädagogik zur Erziehungswissenschaft. Weinheim u. a.: Beltz

Brezinka, Wolfgang (1978): Metatheorie der Erziehung. München: E. Reinhardt

Brezinka, Wolfgang (1981): Erziehungsziele, Erziehungsmittel, Erziehungserfolg. München, Basel: E. Reinhardt

Brezinka, Wolfgang (1981 / 1990): Grundbegriffe der Erziehungswissenschaft: Analyse, Kritik, Vorschläge. 4. verb. Aufl. München: E. Reinhardt

Broecken, Renate (1975): Hermeneutische Pädagogik. In: Ellwein, Thomas; Groothoff, Hans-Hermann; Rauschenberger, Hans (Hrsg.): Erziehungswissenschaftliches Handbuch. Bd. 4. S. 219–274. Berlin: Rembrandt-Verlag

Buer, Jürgen van (1984): „Quantitative“ oder „qualitative“ Unterrichtsbeobachtung? – Eine falsche Alternative. In: Unterrichtswissenschaft 12, H. 3, S. 252–267

Burkhardt, Hugh; Schoenfeld, Alan H. (2003): Improving educational research: Toward a more useful, more influential, and better-funded enterprise. In: Educational Researcher 32, H. 9, S. 3–14

Carnap, Rudolf (1956): The methodological character of theoretical concepts. In: Feigl, Herbert; Scriven, Michael (Hrsg.): Minnesota Studies in the Philosophy of Science, Vol. I. S. 38–76. Minneapolis: University of Minnesota Press

Carnap, Rudolf (1958): Beobachtungssprache und Theoretische Sprache. In: Dialectica 12, S. 236–248

Carnap, Rudolf (1959): Induktive Logik und Wahrscheinlichkeit (bearb. v. W. Stegmüller). Wien: Springer

Chalmers, Alan F. (2007): Wege der Wissenschaft. Einführung in die Wissenschaftstheorie. 6. Aufl., Berlin: Springer

Corsten, Michael; Lempert, Wolfgang (1997): Beruf und Moral – Exemplarische Analysen beruflicher Werdegänge, betrieblicher Kontexte und sozialer Orientierungen erwerbstätiger Lehrabsolventen. Weinheim: Deutscher Studien-Verlag

Crusius, Reinhard (1973): Der Lehrling in der Berufsschule. München: Deutsches Jugendinstitut

da Costa, Newton; French, Stephen (1989): British Journal of the Philosophy of Science 40, S. 333–356.

Danner, Helmut (2006): Methoden geisteswissenschaftlicher Pädagogik. München, Basel: E. Reinhard

Dinter, Frank R. (2001): Nachtrag zur Paradigmendiskussion in der empirischen Pädagogik. In: Keiner, Edwin; Pollak, Guido (Hrsg.): Erziehungswissenschaft: Wissenschaftstheorie und Wissenschaftspolitik. Weinheim: Beltz, S. 111–141

Dilthey, Wilhelm (1957): Die geistige Welt (Gesammelte Schriften Bd. 5). Stuttgart: Teubner Verlagsgesellschaft Vandenhoeck & Rupprecht

Dubs, Rolf (1995): Konstruktivismus: Einige Überlegungen aus der Sicht der Unterrichtsgestaltung. Zeitschrift für Pädagogik 41, H. 6, S. 890–903

Eckert, Manfred; Horlebein, Manfred; Lisop, Ingrid u. a. (Hrsg.) (2002): Bilanzierungen. Schulentwicklung, Lehrerbildung und Wissenschaftsgeschichte im Feld der Wirtschafts- und Berufspädagogik. Frankfurt am Main: G.A.F.B.-Verlag

Einstein, Albert; Podolsky, Boris; Rosen, Nathan (1935): Can Quantum-Mechanical Description of Physical Reality be Considered Complete? Physical Review 47, S. 777–780

Euler, Dieter (1994): Didaktik einer sozio-informationstechnischen Bildung. Köln: Botermann

Euler, Dieter (1995): Transfer von Modellversuchsergebnissen: Theoretische Fundierungen, empirische Hinweise und erste Konsequenzen. In: Benteler, Paul et al. (Hrsg.): Modellversuchsforschung als Berufsbildungsforschung. S. 225–267. Köln: Botermann & Botermann

Euler, Dieter (1996): Denn sie tun nicht, was sie wissen. Über die (fehlende) Anwendung wissenschaftlicher Theorien in der wirtschaftspädagogischen Praxis. In: Zeitschrift für Berufs- und Wirtschaftspädagogik 92, H. 4, S. 350– 365

Euler, Dieter (2003): Potentiale von Modellversuchsprogrammen für die Berufsbildungsforschung. Zeitschrift für Berufs- und Wirtschaftspädagogik 99, H. 2, S. 201–212

Euler, Dieter (2014): Design-Research – A paradigm under development. In: Euler, Dieter; Sloane, Peter F. E. (Hrsg.): Design-Based Research. Zeitschrift für Berufs- und Wirtschaftspädagogik, Beiheft 27, S. 15–41. Stuttgart: Steiner

Euler, Dieter; Hahn, Angela (2004): Wirtschaftsdidaktik. Bern: Haupt

Euler, Dieter; Sloane, Peter F. E. (1998): Implementation als Problem der Modellversuchsforschung. Unterrichtswissenschaft 26, S. 312–326

Feyerabend, Paul (2007): Wider den Methodenzwang. Frankfurt am Main: Suhrkamp

Fleck, Ludwik (1935 / 1980): Entstehung und Entwicklung einer wissenschaftlichen Tatsache: Einführung in die Lehre vom Denkstil und Denkkollektiv. Frankfurt am Main: Suhrkamp

Flick, Uwe (2011): Triangulation. Eine Einführung. 3. Aufl., Wiesbaden: Verlag für Sozialwissenschaften

Flitner, Wilhelm (1950): Allgemeine Pädagogik. Stuttgart: Ernst Klett

Friebertshäuser, Barbara (1997): Interviewtechniken – ein Überblick. In: Friebertshäuser, Barbara; Prengel, Annedore (Hrsg.): Handbuch qualitative Forschungsmethoden in der Erziehungswissenschaft. S. 371–395. München: Juventa

Gabbay, Dov M.; Hartmann, Stephan; Woods, John (Hrsg.) (2011): Handbook of the history of logic, vol. 10: Inductive logic. Amsterdam: North-Holland

Gabbay, Dov M.; Woods, John (2005): A practical logic of cognitive systems, vol 2: The reach of abduction – insight and trial. Amsterdam: Elsevier

Gadamer, Hans G. (1975): Wahrheit und Methode. Tübingen: Mohr

Geldsetzer, Lutz (1989): Hermeneutik. In: Seiffert, Helmut; Radnitzky, Gérard (Hrsg.): Handlexikon zur Wissenschaftstheorie. S. 127–138. München: Ehrenwirth

Gerstenmaier, Jochen; Mandl, Heinz (1995): Wissenserwerb unter konstruktivistischer Perspektive. Zeitschrift für Pädagogik 41, H. 6, S. 867–888

Gettier, Edmund L. (1963): Is justified true belief knowledge? In: Analysis 23, H. 6, S. 121–123

Glasersfeld, Ernst von (1997): Radikaler Konstruktivismus. Frankfurt am Main: Suhrkamp

Habermas, Jürgen (1981/2011): Theorie des kommunikativen Handelns (2 Bde.). 8. Aufl., Frankfurt a. M.: Suhrkamp

Habermas, Jürgen (2004): Wahrheit und Rechtfertigung. Erweiterte Ausgabe, Frankfurt a. M.: Suhrkamp

Hands, D. Wade (2012): The positive-normative dichotomy and economics. In: Mäki, Uskali (Hrsg.): Philosophy of economics. S. 219–239. Amsterdam: Elsevier

Hanson, Norwood R. (1965): Patterns of discovery: An inquiry into the conceptual foundations of science. 3. Aufl., Cambridge: Cambridge University Press

Harman, Gilbert (1965): The inference to the best explanation. In: Philosophical Review 74, S. 88–95.

Hasselhorn, Markus; Gold, Andreas (2017): Pädagogische Psychologie: Erfolgreiches Lehren und Lernen. 4. Aufl., Stuttgart: Kohlhammer

Hausman, Daniel; McPherson, Michael; Satz, Debra (2017): Economic analysis, moral philosophy, and public policy. 3. Aufl., New York: Cambridge University Press

Heid, Helmut (1972): Begründbarkeit von Erziehungszielen. In: Zeitschrift für Pädagogik 18, H. 4, S. 551–581

Helfrich, Hede (2016): Wissenschaftstheorie für Betriebswirtschaftler. Wiesbaden: Springer Gabler

Helmke, Andreas (2012): Unterrichtsqualität und Lehrerprofessionalität. Diagnose, Evaluation und Verbesserung des Unterrichts. 4. aktual. Aufl., Seelze-Velber: Klett/Kallmeyer

Helsper, Werner; Herwartz-Emden, Leonie; Terhart, Ewald (2001): Qualität qualitativer Forschung in der Erziehungswissenschaft. In: Zeitschrift für Pädagogik 47, H. 2, S. 251–269

Hempel, Carl G. (1965): Scientific explanation. Forum lectures: Philosophy of Science Series 11, S. 1–8 (gesonderte Seitenzählung)

Hempel, Carl G.; Oppenheim, Paul (1948): Studies in the logic of explanation. In: Philosophy of Science 15, H. 2, S. 135–175

Hermkes, Rico; Minnameier, Gerhard; Mach, Hannelore (2015): Kognitive Aktivierung und Konstruktive Unterstützung als Prozessqualitäten des Lehrens und Lernens. In: Zeitschrift für Pädagogik 61, H. 6, S. 837–856

Hoffmann, Dietrich (Hrsg.). 1991. Bilanz der Paradigmendiskussion in der Erziehungswissenschaft. Weinheim: Deutscher Studien Verlag.

Homann, Karl (2014): Sollen und Können: Grenzen und Bedingungen der Individualmoral. Wien: Ibera

Horkheimer, Max (1975): Traditionelle und kritische Theorie. Frankfurt a. M.: Fischer

Horkheimer, Max; Adorno, Theodor W. (1998): Dialektik der Aufklärung. Frankfurt a. M.: Fischer Taschenbuch

Horlebein, Manfred (1998): Didaktik der Moralerziehung. Markt Schwaben: EUSL

Horlebein, Manfred (2002): Was bedeutet „theoriegeleitet" in der berufs- und wirtschaftspädagogischen Historiographie? In: Eckert, Manfred; Horlebein, Manfred; Lisop, Ingrid u. a. (Hrsg.): Bilanzierungen. Schulentwicklung, Lehrerbildung und Wissenschaftsgeschichte im Feld der Wirtschafts- und Berufspädagogik. S. 29–41. Frankfurt a. M.: G.A.F.B.-Verlag

Keckeisen, Wolfgang (1995): Kritische Erziehungswissenschaft. In: Lenzen, Dieter; Mollenhauer, Klaus (Hrsg.): Enzyklopädie Erziehungswissenschaft, Bd. 1: Theorien und Grundbegriffe der Erziehung und Bildung. S. 117–138. Stuttgart: Klett

Kelber, Almut (2018): Birds perceive colours in categories. In: Nature 560, S. 311–312

Kell, Adolf; Nickolaus, Reinhold (2010): Desiderata und Perspektiven im Problemfeld. In: Nickolaus, Reinhold; Pätzold, Günter; Reinisch, Holger u. a. (Hrsg): Handbuch der Berufs- und Wirtschaftspädagogik. S. 389–390. Bad Heilbrunn: Klinkhardt

Keuth, Herbert (Hrsg.) (2007): Logik der Forschung. Berlin: Akademie Verlag

Kitcher, Philip (2011): The ethical project. Cambridge, MA: Harvard University Press

Kitcher, Philip (2013): Pragmatic naturalism. In: Kaiser, Marie I; Seide, Ansgar (Hrsg.): Pragmatic naturalism. S. 15–45. Berlin: de Gruyer

Klafki, Wolfgang (1976): Aspekte kritisch-konstruktiver Erziehungswissenschaft. Weinheim: Beltz

Klafki, Wolfgang; Rückriem, Georg, M.; Wolf, Willi; u. a. (1971): Erziehungswissenschaft 3. Frankfurt a. M.: Fischer

König, Eckard (1975): Theorie der Erziehungswissenschaft. Bd. 1. München: Fink

König, Eckard; Zedler, Peter (2002): Theorien der Erziehungswissenschaft. Weinheim: Beltz

König, Eckard; Zedler, Peter (Hrsg.) (1989): Rezeption und Verwendung erziehungswissenschaftlichen Wissens in pädagogischen Handlungs- und Entscheidungsfeldern. Weinheim: Deutscher Studienverlag

König, Eckard; Zedler, Peter (Hrsg.) (1995): Bilanz qualitativer Forschung: Bde. I u. II. Weinheim: Deutscher Studien-Verlag

Konow, James (2003): Which is the fairest one of all? A positive analysis of justice theories. In: Journal of Economic Literature 41, S. 1188–1239

Kornmesser, Stephan; Schurz, Gerhard (2014): Die multiparadigmatische Struktur der Wissenschaften: Einleitung und Übersicht In: Kornmesser, Stephan; Schurz, Gerhard (Hrsg.): Die multiparadigmatische Struktur der Wissenschaften. Wiesbaden: Springer VS, S. 11–46

Kromrey, Helmut; Roose, Jochen; Strübing, Jörg (2016): Empirische Sozialforschung – Modelle und Methoden der standardisierten Datenerhebung und Datenauswertung mit Annotationen aus qualitativ-interpretativer Perspektive. 13. Aufl., Konstanz: UVK Verlagsgesellschaft

Krüger, Heinz-Hermann (2006): Einführungskurs Erziehungswissenschaft: Einführung in Theorien und Methoden der Erziehungswissenschaft. Bd. 2. Opladen: Verlag Barbara Budrich

Kuhn, Thomas S. (1962/2017): Die Struktur wissenschaftlicher Revolutionen. 25. Aufl. (zugl. 2., rev. u. um das Postskriptum von 1969 erg. Aufl.), Frankfurt a. M.: Suhrkamp

Kukla, André (2000): Social Constructivism and the Philosophy of Science. London: Routledge

Kunter, Mareike; Trautwein, Ulrich (2013): Psychologie des Unterrichts. Paderborn: Schöningh

Kutscha, Günter (2010): Ansatz und Einfluss der Kritischen Theorie in der Berufs- und Wirtschaftspädagogik. In: Nickolaus, Reinhold; Pätzold, Günter; Reinisch, Holger u. a. (Hrsg): Handbuch der Berufs- und Wirtschaftspädagogik. S. 379–383. Bad Heilbrunn: Klinkhardt

Lakatos, Imre (1974): Falsifikation und Methodologie wissenschaftlicher Forschungsprogramme. In: Lakatos, Imre; Musgrave, Alan (Hrsg.): Kritik und Erkenntnisfortschritt. S. 89–189. Braunschweig: Vieweg

Lakatos, Imre (1978): The methodology of scientific research programmes: Philosophical papers, vol. 1. Cambridge: Cambridge University Press

Lempert, Wolfgang (1971): Bildungsforschung und Emanzipation. In: Lempert, Wolfgang: Leistungsprinzip und Emanzipation: Studien zur Realität, Reform und Erforschung des beruflichen Bildungswesens. S. 310–334. Frankfurt a. M.: Suhrkamp

Lempert, Wolfgang (1974): Soziale Rolle und berufliche Sozialisation. Zur berufspädagogischen Verwendung einer soziologischen Kategorie. In Lempert, Wolfgang: Berufliche Bildung als Beitrag zur gesellschaftlichen Demokratisierung. Vorstudien für eine politisch reflektierte Berufspädagogik. S. 38–61. Frankfurt a. M.: Suhrkamp

Lempert, Wolfgang (2004): Berufliche Sozialisation oder was Berufe aus Menschen machen: Eine Einführung. 2. Aufl., Baltmannsweiler: Schneider-Verl. Hohengehren

Lenzen, Dieter; Mollenhauer, Klaus (1995): Enzyklopädie Erziehungswissenschaft, Bd. 1: Theorien und Grundbegriffe der Erziehung und Bildung. Stuttgart: Klett

Lewin, Kurt (1952): Field theory in social science: Selected theoretical papers by Kurt Lewin. London: Tavistock

Maturana, Humberto R.; Varela, Francisco J. (1987): Der Baum der Erkenntnis. Die biologischen Wurzeln des menschlichen Erkennens. Bern, München: Goldmann

Mayring, Philipp (1999): Qualitativ orientierte Forschungsmethoden in der Unterrichtswissenschaft: Ein Anwendungsbeispiel aus der Lernstrategieforschung. In: Unterrichtswissenschaft 27, H. 4, S. 292–309

McMullin, Earnan (1992): The inference that makes science. Milwaukee: Marquette University Press

Merkens, Hans (1991): Wissenschaftstheorie. In: Roth, Leo (Hrsg.): Pädagogik: Handbuch für Studium und Praxis. S. 19–31. München: Ehrenwirth

Mey, Günter; Mruck, Katja (Hrsg.) (2010): Handbuch qualitative Forschung in der Psychologie. Wiesbaden: VS Verlag

Minnameier, Gerhard (1997a): Zur Frage des Aufbaus kognitiver Strukturen – Ein „Abriß“ der Aeblischen Konzeption und erste Überlegungen zu ihrer Rekonstruktion. In: Pädagogische Rundschau 51, S. 643–660

Minnameier, Gerhard (1997b): Die unerschlossenen Schlüsselqualifikationen und das Elend des Konstruktivismus – Ein Beitrag zur Orientierung in Fragen der Handlungsorientierung. In: Zeitschrift für Berufs- und Wirtschaftspädagogik 93, S. 1–29

Minnameier, Gerhard (2001): Bildungspolitische Ziele, wissenschaftliche Theorien und methodisch-praktisches Handeln – auch ein Plädoyer für „Technologieführerschaft“ im Bildungsbereich. In: Heid, Helmut; Minnameier, Gerhard; Wuttke, Eveline (Hrsg.): Fortschritte in der Berufsbildung? Aktuelle Forschung und prospektive Umsetzung. In: Zeitschrift für Berufs- und Wirtschaftspädagogik, Beiheft 16, S. 13–29. Stuttgart: Steiner

Minnameier, Gerhard (2004): Peirce-suit of truth: Why inference to the best explanation and abduction ought not to be confused. In: Erkenntnis 60, H. 1, S. 75–105

Minnameier, Gerhard (2005): Wissen und inferentielles Denken: Zur Analyse und Gestaltung von Lehr-Lern-Prozessen. Frankfurt a. M.: Peter Lang

Minnameier, Gerhard (2006): Inferentielles Denken im Rechnungswesenunterricht – Eine Analyse von Gruppenprozessen. In: Gonon, Philipp; Klauser, Fritz; Nickolaus, Reinhold (Hrsg.): Bedingungen beruflicher Moralentwicklung und beruflichen Lernens. S. 233–245. Wiesbaden: VS-Verlag

Minnameier, Gerhard (2017): Forms of abduction and an inferential taxonomy. In: Magnani, Lorenzo; Bertolotti, Tommaso (Hrsg.): Springer handbook of model-based reasoning. S. 175–195. Dordrecht u. a.: Springer

Minnameier, Gerhard (2019): Re-reorienting the logic of abduction and the naturalization of logic. In: Gabbay, Dov; Magnani, Lorenzo; Park; Woosuk; Pietarinen, Ahti-Veikko (Hrsg.): Natural Arguments: A tribute to John Woods. London: College Publications, S. 353–374

Minnameier, Gerhard (eingereicht): The economics of morality and the fabric of social sciences.

Minnameier, Gerhard; Wuttke, Eveline (Hrsg.) (2006): Berufs- und wirtschaftspädagogische Grundlagenforschung. Lehr-Lern-Prozesse und Kompetenzdiagnostik. Festschrift für Klaus Beck. Frankfurt a. M.: Peter Lang

Mollenhauer, Klaus (1968): Erziehung und Emanzipation. München: Juventa

Moser, Heinz (1977): Methoden der Aktionsforschung: Eine Einführung. München: Kösel

Neck, Reinhard; Stelzer, Harald (Hrsg.) (2013): Kritischer Rationalismus heute: Zur Aktualität der Philosophie Karl Poppers. Frankfurt: Peter Lang

Neuweg, Georg Hans (2004): Könnerschaft und implizites Wissen – Zur lehr-lern-theoretischen Bedeutung der Erkenntnis- und Wissenstheorie Michael Polanyis. 3. Aufl. Münster: Waxmann

Neuweg, Georg Hans (2015): Das Schweigen der Könner – Gesammelte Schriften zum impliziten Wissen. Münster: Waxmann

Nickolaus, Reinhold; Heinzmann, Horst; Knöll, Bernd (2005): Ergebnisse empirischer Untersuchungen zu Effekten methodischer Grundentscheidungen auf die Kompetenz- und Motivationsentwicklung in gewerblich-technischen Berufsschulen. In: Zeitschrift für Berufs- und Wirtschaftspädagogik 101, H. 1, 58–78

Nickolaus, Reinhold; Pätzold, Günter; Reinisch, Holger u. a. (Hrsg.) (2010): Handbuch der Berufs- und Wirtschaftspädagogik. Bad Heilbrunn: Klinkhardt

Nickolaus, Reinhold; Zöller, Arnulf (Hrsg.): Perspektiven der Berufsbildungsforschung. Orientierungsleistungen der Forschung für die Praxis. S. 4–60. Bonn: Bertelsmann

Nohl, Herman (1957): Die pädagogische Bewegung in Deutschland und ihre Theorie. Frankfurt a. M.: Schulte-Bulmke

Nohl, Herman (1974): Die sittlichen Grunderfahrungen. Frankfurt a. M.: G. Schulte-Bulmke

Oevermann, Ulrich (1986): Kontroversen über sinnverstehende Soziologie. Einige wiederkehrende Probleme und Missverständnisse in der Rezeption der „objektiven Hermeneutik“. In: Aufenanger, Stefan; Lenssen, Margit (Hrsg.): Handlung und Sinnstruktur. S. 19–83. München: Kindt

Oevermann, Ulrich; Allert, Tilmann; Konau, Elisabeth u. a. (1979): Die Methodologie einer „Objektiven Hermeneutik“ und ihre allgemeine forschungslogische Bedeutung in den Sozialwissenschaften. In: Soeffner, Hans-Georg (Hrsg.): Interpretative Verfahren in den Sozial- und Textwissenschaften. S. 352–434. Stuttgart: Metzler

Paavola, Sami (2006): Hansonian and Harmanian abduction as models of discovery. In: International Studies in the Philosophy of Science 20, S. 93–108

Patry, Jean-Luc; Perrez, Meinrad (2000): Theorie-Praxis-Probleme und die Evaluation von Interventionsprogrammen. In: Hager, Willi; Patry, Jean-Luc; Brezing, Hermann (Hrsg.): Handbuch Evaluation psychologischer Interventionsmaßnahmen: Standards und Kriterien. S. 19–40. Bern: Huber

Peirce, Charles S. (1935–1958): Collected papers of Charles Sanders Peirce (8 Bde.), hrsg. v. Charles Hartshorne, Paul Weiss (Bde. 1–6) und Arthur W. Burks (Bde. 7–8). Cambridge, MA: Harvard Univ. Press

Peirce, Charles S. (1982–2009): Writings of Charles S. Peirce: a chronological edition, hrsg. v. Peirce Edition Project. 8 Bde., Bloomington: Indiana University Press

Peirce, Charles S. (1992–1998): The essential Peirce: Selected philosophical writings (2 Bde.), hrsg. v. Nathan Houser, Christian Kloesel (Bd. 1) und Peirce Edition Project (Bd. 2). Bloomington, IN: Indiana University Press.

Peukert, Helmut (2009): Wissenschaftstheorie – Handlungstheorie – Fundamentale Theologie: Analysen zu Ansatz und Status theologischer Theoriebildung. 2. Aufl., Frankfurt a.M.: Suhrkamp

Pies, Ingo; Leschke, Martin (Hrsg.) (1999): Karl Poppers kritischer Rationalismus. Tübingen: Mohr Siebeck

Pleiß, Ulrich (1973): Wirtschaftslehrerbildung und Wirtschaftspädagogik: Die wirtschaftspädagogische Disziplinenbildung an deutschsprachigen wissenschaftlichen Hochschulen. Göttingen: Schwartz

Popper, Karl R. (1992): Falsifizierbarkeit, zwei Bedeutungen von. In: H. Seiffert & G. Radnitzky (Hrsg.): Handlexikon zur Wissenschaftstheorie. 2. Aufl., München: Deutscher Taschenbuch Verlag, S. 82–86

Popper, Karl R. (1934/2005): Logik der Forschung. In: Keuth, Herbert (Hrsg.): Gesammelte Werke. 1. Aufl., Tübingen: Mohr Siebeck

Popper, Karl R. (1957/1964): Die Zielsetzung der Erfahrungswissenschaft. In: Albert, Hans (Hrsg.): Theorie und Realität – Ausgewählte Aufsätze zur Wissenschaftslehre der Sozialwissenschaften. S. 73–86. Tübingen: Mohr

Popper, Karl R. (1963/2009): Vermutungen und Widerlegungen: Das Wachstum der wissenschaftlichen Erkenntnis. In: Keuth, Herbert (Hrsg.): Gesammelte Werke Bd. 10. 2. Aufl., Tübingen: Mohr Siebeck

Popper, Karl R. (1980): Die offene Gesellschaft und ihre Feinde. (2 Bde.). Bern: Mohr

Popper, Karl R. (1994): Alles Leben ist Problemlösen: Über Erkenntnis, Geschichte und Politik. München: Piper

Popper, Karl R.; Eccles, John C. (1977/1997): Das Ich und sein Gehirn. München: Piper

Poser, Hans (2001): Wissenschaftstheorie – Eine philosophische Einführung. Stuttgart: Reclam

Prim, Rolf; Tilmann, Heribert (2000): Grundlagen einer kritisch-rationalen Sozialwissenschaft. Wiebelsheim: Quelle & Meyer

Putnam, Hilary (2002): The collapse of the fact/value dichotomy and other essays. Cambridge, MA: Harvard University Press

Putnam, Hilary (2015): Naturalism, realism, and normativity. In: Journal of the American Philosophical Association 1, S. 312–328

Quine, Willard Van Orman (1969): Epistemology naturalized. In: Quine, Willard Van Orman: Ontological relativity and other essays. S. 69–90. New York: Columbia University Press

Quine, Willard Van Orman (1990): Pursuit of truth. Cambridge, MA: Harvard University Press

Reichenbach, Hans (1938/1983): Erfahrung und Prognose – Eine Analyse der Grundlagen und der Struktur der Erkenntnis (Gesammelte Werke in 9 Bänden, Bd. 4, hrsg. v. Andreas Kamlah und Maria Reichenbach). Braunschweig: Vieweg.

Reinmann, Gabi (2014): Entwicklungsfrage: Welchen Stellenwert hat die Entwicklung im Kontext von Design Research? Wie wird Entwicklung zu einem wissenschaftlichen Akt? In: Euler, Dieter; Sloane, Peter F. E. (Hrsg.): Design-Based Research. In: Zeitschrift für Berufs- und Wirtschaftspädagogik, Beiheft 27, S. 63–78. Stuttgart: Steiner

Renkl, Alexander (1999): Jenseits von $p < .05$: Ein Plädoyer für Qualitatives. In: Unterrichtswissenschaft, 27, H. 4, S. 310–322

Rosenberg, Alexander (2015): Philosophy of Social Science. 5. Aufl., Boulder, CO: Westview Press

Roth, Heinrich (1962): Die realistische Wende in der pädagogischen Forschung. Neue Sammlung 2, S. 481–490

Scheler, Max (1947): Bildung und Wissen. 3. Aufl., Frankfurt a. M.: Schulte

Schneider, Norbert (1998): Erkenntnistheorie im 20. Jahrhundert. Klassische Positionen. Stuttgart: Reclam

Schnell, Rainer; Hill, Paul B.; Esser, Elke (2013): Methoden der empirischen Sozialforschung. 10. Aufl., München: Oldenbourg

Schurz, Gerhard (1991): Charles Sanders Peirce: Die pragmatische Theorie der Erkenntnis. In: Josef Speck (Hrsg.): Grundprobleme der großen Philosophen – Philosophie der Neuzeit, Bd. V: Comte, Mill, James, Peirce, Dewey, Mach. S. 115–169. Göttingen: Vandenhoek & Ruprecht

Schurz, Gerhard (1999): Explanation as unification. In: Synthese 120, H. 1, S. 95–114

Schurz, Gerhard (2007): Das Problem der Induktion (I. Kap., Abschn. 1). In: Keuth, Herbert (Hrsg.): Karl Popper, Logik der Forschung (Reihe: Klassiker Auslegen) 3. bearb. Aufl., S. 25–40. Berlin: Akademie-Verlag

Schurz, Gerhard (2011): Einführung in die Wissenschaftstheorie. 3. Aufl., Darmstadt: Wissenschaftliche Buchgesellschaft (WBG)

Schurz, Gerhard (2014): Koexistenz und Komplementarität rivalisierender Paradigmen: Analyse, Diagnose und kulturwissenschaftliches Fallbeispiel. In: Kornmesser, Stephan; Schurz, Gerhard (Hrsg.): Die multiparadigmatische Struktur der Wissenschaften. Wiesbaden: Springer VS, S. 47–62

Seiffert, Helmut (1989): Theorie. In: Seiffert, Helmut; Radnitzky, Gérard (Hrsg.): Handlexikon zur Wissenschaftstheorie. S. 368–369. München: Ehrenwirth

Seifried, Jürgen (2004): Fachdidaktische Variationen in einer selbstorganisationsoffenen Lernumgebung. Eine empirische Untersuchung im Rechnungswesenunterricht. Wiesbaden: DUV

Sektion Berufs- und Wirtschaftspädagogik der DGfE (2014): Basiscurriculum für das universitäre Studienfach Berufs und Wirtschaftspädagogik im Rahmen berufs- und wirtschaftspädagogischer Studiengänge. URL: https://www.dgfe.de/sektionen-kommissionen/sektion-7-berufs-und-wirtschaftspaedagogik/basiscurriculum.html (abgerufen am 16.07.2019)

Sembill, Detlef (1992): Problemlösefähigkeit, Handlungskompetenz und emotionale Befindlichkeit. Göttingen: Hogrefe

Sembill, Detlef (2007): Grundlagenforschung in der Berufs- und Wirtschaftspädagogik und ihre Orientierung für die Praxis – Versuch einer persönlichen Bilanzierung und Perspektiven. In: Nickolaus, Reinhold; Zöller, Arnulf (Hrsg.): Perspektiven der Berufsbildungsforschung. Orientierungsleistungen der Forschung für die Praxis. S. 61–90. Bonn: Bertelsmann

Sembill, Detlef; Wolf, Karsten D.; Wuttke, Eveline u. a. (2002): Self-organized learning in vocational education – Foundation, implementation, and evaluation. In: Beck, Klaus (Hrsg.): Teaching-learning processes in vocational education. S. 267–295. Frankfurt a. M.: Peter Lang

Sloane, Peter F. E. (2005): Wissenschaftliche Begleitforschung – Zur wissenschaftlichen Arbeit in Modellversuchen. Zeitschrift für Berufs- und Wirtschaftspädagogik 101, H. 3, S. 321–348

Sloane, Peter F. E. (1992): Modellversuchsforschung – Überlegungen zu einem wirtschaftspädagogischen Forschungsansatz. Köln: Müller Botermann

Sloane, Peter F. E. (2007): Berufsbildungsforschung im Kontext von Modellversuchen und ihre Orientierungsleistung für die Praxis – Versuch einer Bilanzierung und Perspektiven. In: Nickolaus, Reinhold; Zöller, Arnulf (Hrsg.): Perspektiven der Berufsbildungsforschung. Orientierungsleistungen der Forschung für die Praxis. S. 11–60. Bonn: Bertelsmann

Sloane, Peter F. E. (2014): Wissensgenese in Design-Based-Research Projekten. In: Euler, Dieter; Sloane, Peter F. E. (Hrsg.). Design-Based Research, ZBW-Beiheft 27, S. 113–139. Stuttgart: Steiner

Sloane, Peter F. E. (2017): Unbekannte Praxis – Über die Schwierigkeit einiger Forscher, die Welt zu verstehen: Eine Polemik. In: Zeitschrift für Berufs- und Wirtschaftspädagogik 113, H. 3, S. 355–365

Soeffner, Hans-Georg (1979): Interpretative Verfahren in den Sozial- und Textwissenschaften. Stuttgart: Metzler

Spranger, Eduard (1950): Lebensformen. Tübingen: Neomarius

Spranger, Eduard (1973): Umrisse der philosophischen Pädagogik. In: Bollnow, Otto F.; Bräuer, Gottfried (Hrsg.): Spranger, Eduard: Philosophische Pädagogik (Gesammelte Schriften Bd. 2). S. 7–61. Tübingen: Niemeyer

Stegmüller, Wolfgang (1970): Probleme und Resultate der Wissenschaftstheorie und Analytischen Philosophie (Theorie und Erfahrung Bd. II), Teil A, B, C. Berlin: Springer

Stegmüller, Wolfgang (1974): Probleme und Resultate der Wissenschaftstheorie und Analytischen Philosophie, Bd. II: Theorie und Erfahrung, Erster Halbband: Begriffsnormen, Wissenschaftssprache, empirische Signifikanz und theoretische Begriffe. Berlin: Springer

Stegmüller, Wolfgang. (1987): Hauptströmungen der Gegenwartsphilosophie: Eine kritische Einführung Bd. II. 8. Aufl., Stuttgart: Kröner

Stelzer, Harald (2013): Moralische Standards als Problemlösestrategien. In: Neck, Reinhard; Stelzer, Harald (Hrsg.): Kritischer Rationalismus heute: Zur Aktualität der Philosophie Karl Poppers. S. 183– 205. Frankfurt a. M.: Peter Lang

Straka, Gerald A. (1983): Lernen, Lehren und Bewerten. Stuttgart: Kohlhammer

Strauss, Anselm; Corbin, Juliet. (1996): Grounded Theory: Grundlagen Qualitativer Sozialforschung. Weinheim: Beltz

Strübing, Jörg (2004): Grounded Theory. Wiesbaden: Verlag für Sozialwissenschaften

Terhart, Ewald (1999): Konstruktivismus und Unterricht. Gibt es einen neuen Ansatz in der Allgemeinen Didaktik? In: Zeitschrift für Pädagogik 45, H. 5, S. 629–647

Weber, Max (1917/1988): Der Sinn der »Wertfreiheit« der soziologischen und ökonomischen Wissenschaften. In: Winckelmann, Johannes (Hrsg.): Gesammelte Aufsätze zur Wissenschaftslehre. 7. Auflage. S. 489–540. Tübingen: Mohr

Wendel, Hans J. (2007): Das Abgrenzungsproblem. In: Keuth, Herbert (Hrsg.): Karl Popper, Logik der Forschung. 3. Aufl., S. 41–66. Berlin: Akademie Verlag

Weniger, Erich (1956): Didaktik als Bildungslehre. Teil 1: Theorie der Bildungsinhalte und des Lehrplans. Weinheim: Beltz

Weniger, Erich (1990): Theorie und Praxis der Erziehung. In: Weniger, Erich: Ausgewählte Schriften zur Geisteswissenschaftlichen Pädagogik. S. 29–44. Weinheim: Beltz

Whorf, Benjamin L. (1956/1963): Sprache, Denken, Wirklichkeit. Reinbek bei Hamburg: Rowohlt

Winter, Rainer (2010): Sozialer Konstruktivismus. In: Mey, Günter; Mruck, Katja (Hrsg.): Handbuch qualitative Forschung in der Psychologie. S. 123–135. Wiesbaden: VS Verlag

Winterhager, Wolfgang D. (1970): Lehrlinge – die vergessene Majorität. Weinheim: Beltz

Woods, John (2013): Errors of reasoning: Naturalizing the logic of inference. London: College Publications

Woods, John (2016): Logic naturalized. In: Redmond, Juan; Martins, Olga Pombo; Fernández, Ángel Nepomuceno (Hrsg.): Epistemology, Knowledge and the Impact of Interaction. S. 403–432. Dordrecht: Springer

Woodward, James (2017): Scientific Explanation. In: Zalta, Edward N. (Hrsg.), The Stanford Encyclopedia of Philosophy (Fall 2017 Edition), URL: https://plato.stanford.edu/archives/fall2017/entries/scientific-explanation/ (abgerufen am 16.07.2019)

Woodward, James (2017): Scientific Explanation. In: Zalta, Edward N. (Hrsg.): The Stanford Encyclopedia of Philosophy (Fall 2017 edition). URL: https://plato.stanford.edu/archives/fall2017/entries/scientific-explanation/ (abgerufen am 16.07.2019)

Wulf, Christoph (1983): Theorien und Konzepte der Erziehungswissenschaft. München: Juventa

Wuttke, Eveline (2001): Wie relevant ist die Forschung für die Praxis? – Überlegungen zu Forschungsmethoden und der Rezeption von Forschungsergebnissen. In: Heid, Helmut; Minnameier, Gerhard; Wuttke, Eveline (Hrsg.): Fortschritte in der Berufsbildung? Aktuelle Forschung und prospektive Umsetzung. Zeitschrift für Berufs- und Wirtschaftspädagogik Beiheft 16, S. 30–41. Stuttgart: Steiner

Zabeck, Jürgen (1984): Didaktik der Berufserziehung. Heidelberg: esprint-verlag

Zabeck, Jürgen (1988): Entwicklung und Evaluation von Bildungsgängen. In: Rauner, Felix (Hrsg.): Handbuch Berufsbildungsforschung. S. 208–216. Bielefeld: Bertelsmann

Zabeck, Jürgen (1992): Die Berufs- und Wirtschaftspädagogik als erziehungswissenschaftliche Teildisziplin. Baltmannsweiler: Schneider

Zabeck, Jürgen (2000): Geschichtsschreibung zwischen Rekonstruktion und Konstruktivismus. Zeitschrift für Berufs- und Wirtschaftspädagogik 96, H. 4, S. 485–494

Abbildungsverzeichnis

Glossar

Abduktion: führt von erklärungsbedürftigen Fakten (oder allgemein von nicht kohärenten Ausgangssituationen) zu einer Theorie, welche die Fakten widerspruchsfrei zu erklären erlaubt (bzw. zu einer kohärenten Deutung zusammenführt).

Analytische Philosophie: entwickelte sich Anfang des 20. Jahrhunderts als strikt antimetaphysische Denkrichtung, die sich stark auf formale Logik, Analyse der Alltagssprache und Empirismus stützte. Prägend war zunächst der Logische Empirismus des „Wiener Kreises". Heute ist Analytische Philosophie eine Sammelbezeichnung für philosophische Ansätze, die sich aus dieser Tradition heraus entwickelt haben. Typischerweise grenzt man sie von der „Kontinentalen Philosophie" aber, was eine Sammelbezeichnung für geisteswissenschaftlich bzw. idealistisch geprägte Ansätze ist. Trotz vielfältiger Ausdifferenzierungen auf beiden Seiten dürfte der Hauptunterschied (auch heute noch) darin bestehen, dass man in der Analytischen Philosophie von einem monistischen Weltbild ausgeht, in der Kontinentalen Philosophie von einem dualistischen.

Antecendesbedingung: bedeutet „vorhergehende Bedingung". Im HO-Schema wird damit eine raum-zeitliche Bedingung beschrieben, auf welche eine theoretische nomologische Aussage bezogen wird.

Begründungszusammenhang: bezeichnet jene Schritte, die nötig sind, um eine Theorie zu prüfen und zu einem Urteil über deren Wahrheit oder Falschheit bzw. empirische Adäquatheit oder Inadäquatheit zu gelangen. Von „empirischer Adäquat" spricht man im sog. wissenschaftliche Antirealismus, in dessen Rahmen man keine Aussagen über Wahrheit oder Falschheit macht (vor allem Bas van Fraassen wäre hier zu nennen). Aber auch im Kontext nicht-explanatorischer Theorien könnte man von Adäquatheit/Inadäquatheit sprechen.

Deduktion: ist eine Schlussweise, die dann gültig ist, wenn die abgeleitete Konklusion bereits (implizit) in den Prämissen enthalten ist, die Konklusion also insofern aus den Prämissen folgt. Ein solcher Schluss ist auch dann gültig, wenn die Prämissen selbst falsch sind.

Dualismus: behauptet die Existenz nebeneinander bestehender, nicht zu einer Einheit zu bringenden Prinzipien. In ontologischer Hinsicht sind Seinsweisen gemeint, die nicht aufeinander reduzierbar sind, insbes. die Welt des Materiellen bzw. Physischen und die Welt des Geistes.

Entdeckungszusammenhang: bezeichnet den Anlass für ein Forschungsprojekt, speziell für eine theorierelevante Fragestellung und die Entwicklung eines theoretischen Ansatzes der Das zugrundeliegende Problem (prinzipiell) löst.

Epistemologie / Erkenntnistheorie: Die epistemologische Frage knüpft unmittelbar an die ontologische an. Wenn es etwas gibt, dann stellt sich als nächstes die Frage, ob und wie man es als Mensch erkennen kann. Viele glauben z. B., dass es Gott gibt, dass man ihn aber nicht erkennen kann. Etwas im philosophischen Sinn erkennen heißt, Wissen über es zu erlangen. Auf Platon geht die Auffassung zurück, Wissen sei wahre und gerechtfertigte Meinung. Es reicht also nicht, dass das, was man glaubt, auch wahr ist, denn es könnte ja zufällig war sein. Man muss deshalb außerdem in seiner Meinung gerechtfertigt sein. Ob diese klassische Wissensdefinition tragfähig ist, wie die in ihr genannten Kriterien erfüllt werden können, oder wie man ggf. anders ansetzen müsste, wird in der modernen Philosophie seit langen diskutiert, insbes. im Anschluss an das sog. Gettier-Problem, auf das Edmund Gettier (1963) in einem kleinen dreiseitigen Aufsatz hingewiesen hat.

Falsifikation: Überprüfung von Hypothesen auf ihre Richtigkeit, wobei man möglichst theoriekritische Fälle sucht, an denen eine Theorie scheitern (oder im positiven Fall: sich bewähren) kann. Eine frühe Form der Falsifikation besteht in einem Widerspruch zwischen einer aus einer empirischen Untersuchung resultierenden Beobachtungsaussage und der theoriegeleiteten Vorhersage. Eine spätere Fassung des Falsifikationsprinzips nimmt die Erkenntnis auf, dass Theorien nicht an singulären Ereignissen und Aussagen scheitern, sondern nur, wenn dadurch ein (Teil eines) „Web of Beliefs" im Sinne des Quine'schen Holismus zerfällt, was man als Dekohärenz (s. Kohärenz) beschreiben kann.

Hermeneutischer Zirkel: bezeichnet den wechselseitigen Erschließungsvorgang von Ganzem und Einzelnem im Verstehensprozess.

Hermeneutischer Zirkel: Im Verstehensprozess der wechselseitige Erschließungsvorgang von Ganzem und Einzelnem. So erschließt sich die Bedeutung eines Wortes aus dem Kontext des Satzes, in dem er steht. Der Sinn des Satzes ergibt sich hingegen aus der Bedeutung der Wörter.

HO-Schema: Kurzform für Hempel-Oppenheim-Schema. Dabei wird der zu erklärende Sachverhalt (Explanandum) aus einer oder auch mehreren nomologischen Aussagen und einer oder mehreren Antecedensbedingungen deduktiv abgeleitet.

Induktion: führt zu einer Verallgemeinerung einer Aussage, insbesondere im Sinne der Akzeptanz einer wissenschaftlichen Theorie, deren Eigenschaften dann für alle unter sie fallenden Fälle als gültig angenommen werden (auch die nicht beobachteten bzw. nicht beobachtbaren).

Kohärenz: bezieht sich auf das Verhältnis von Aussagen und bedeutet, dass diese sich wechselseitig stützen (miteinander kohärieren). Kohärenz setzt insofern Konsistenz voraus, geht aber über sie hinaus.

Konsistenz (logische): Widerspruchsfreiheit

Logischer Zirkelschluss: auch Circulus vitiosus. Ein logischer Zirkelschluss liegt immer dann vor, wenn Aussage B aus Aussage A gefolgert wird, Aussage A aber wiederum aus Aussage B erschlossen wird. Mit anderen Worten: Das zu Deduzierende ist bereits in den Prämissen enthalten. Dazu folgendes Beispiel: Zwei Griechen gehen an der Küste des stürmisch bewegten Meeres entlang. Sagt der eine: „Das Meer ist heute so unruhig. Poseidon ist wütend." Fragt er andere: „Warum sollte Poseidon wütend sein." Antwortet der erste: „Weil das Meer so stürmisch ist."

Methodologie: baut auf Ontologie und Epistemologie auf und betrifft die Frage, wie man wissenschaftlich wie man wissenschaftlich sinnvoll und korrekt arbeitet. Mit der Bestimmung einer wissenschaftlichen Methodologie wird auch wissenschaftliche von nicht-wissenschaftlicher Erkenntnis abgegrenzt. Im Kritischen Rationalismus etwa besteht die Methodologie in der Forderung nach kritischer Prüfbarkeit theoretischer Konstrukte nach dem Prinzip des Falsifikationismus. Methodologie ist nicht zu verwechseln mit Methodik oder gar bestimmten Methoden. Sie stellt vielmehr eine Meta-Methodik dar und liefert die zentralen Kriterien, denen jede Methodik (z. B. Standards experimenteller Forschung und statistischer Verfahren) genügen muss.

Monismus: ist die Lehre bzw. Auffassung, nach der die Wirklichkeit von nur von einer einzigen Grundbeschaffenheit sei, so dass z. B. alles, was es gibt bzw. was geschieht, auf naturwissenschaftlicher Basis zu erklären ist, wobei die Naturwissenschaften eng miteinander verbunden sind, so dass psychologische, biologische und chemische Sachverhalte prinzpiell auf physikalische zurückführen können muss. Es ist im Übrigen auch ein geisteswissenschaftlicher Monismus denkbar, nach dem die Natur als auf den Geist zurückführbar gedacht wird. Eine solche Auffassung hat Hegel vertreten.

Ontologie: ist die Lehre dessen, was es gibt. Das klingt trivialer als es ist, denn es geht um die Substanz oder die Substanzen, aus dem bzw. denen die Realität besteht. In der Antike dachte man z. B., alles ließe sich auf vier Elemente (Feuer, Wasser, Luft und Erde) reduzieren. In der heutigen Zeit stellt sich die Frage, ob alles auf die basalen Gesetze der Physik reduzierbar ist bzw. sein muss. In der geisteswissenschaftlichen Tradition unterscheidet man demgegenüber streng zwischen Geist und

Materie und trennt entsprechend zwischen Naturwissenschaften und Geisteswissenschaften. Darüber hinaus lässt sich fragen, ob bestimmten Abstrakta (wie z.B. Farbprädikate) eine eigenständige Existenz zukommt (etwa die „Rotheit"). Auch kann man Fragen, ob es z.B. Zahlen gibt, sie also Teil der Realität sind, oder es sich dabei lediglich um menschliche Abstraktionen und Gedankenspiele handelt (wie etwa, wenn wir an Einhörner und andere Fabelwesen denken).

Operationalisierung: ist das Gegenstück zur Rekonstruktion bzw. Konzeptualisierung. Während Letztere bei der Beobachtungssprache ansetzt und darauf aufbauend Theorien zur Erklärung beobachtungssprachlich ausgedrückter Sachverhalte hervorbringt, verfährt Operationalisierung umgekehrt. Hier werden beobachtungssprachliche Aussagen hervorgebracht, die entweder theoriekonforme oder theoriewidrige Sachverhalten beschreiben, über deren Prüfung an der Erfahrung schließlich die Theorien geprüft bzw. auch Diagnosen erstellt werden können. Jede Aufgabe eines Tests oder eines Fragebogens etc. und die dazugehörigen Antwortmöglichkeiten sind Bestandteile der Operationalisierung eines theoretischen Konstrukts.

Paradigma: bezeichnet in der Wissenschaftstheorie die zentralen Annahmen ontologischer, epistemologischer und methodologischer Art, die von einer Scientific Community geteilt werden und unter denen die beteiligten Wissenschaftler ihre Forschung betreiben.

Rekonstruktion/Konzeptualisierung: bezeichnet eine Form wissenschaftlichen Denkens und Arbeitens, bei der beobachtbare, aber erklärungsbedürftige Sachverhalte durch eine theoretische Rekonstruktion bzw. Konzeptualisierung einer (möglichen) Erklärung zugeführt werden. Es geht dabei mit anderen Worten um Theoriebildung und Entwicklung der dabei nötigen Begrifflichkeiten.

Theorie: Im Alltagsverständnis ist Theorie jede Rekonstruktion eines Ereignisses, Verhaltens oder Handelns (wobei Letztere für bestimmte Formen von Praxis stehen). Auch Theoretisieren ist im Übrigen eine Handlung, die ihrerseits theoretisch rekonstruiert werden kann. Im Unterschied zum Alltagsverständnis müssen wissenschaftliche Theorien intersubjektiv prüfbar sein, und zwar empirisch, d.h. anhand menschlicher Erfahrung. Wissenschaftliche Theorien unterscheiden sich darüber hinaus von Alltagstheorien, dass sie auf der Ebene der Theoriesprache formuliert werden, nicht der Beobachtungssprache.

Unifikation: bezeichnet in der Wissenschaftstheorie die Zusammenführung vormals getrennter Theorien. So ist es z.B. Newton gelungen, die kosmische und die terrestrische Mechanik zusammenzuführen. Vor dem Hintergrund der der Vorstellung einer einheitlichen Welt und einer einheitlichen Wissenschaft liegt es auf der

Hand, dass einzelne Theorien sich systematisch zu einem Gesamtsystem integrieren lassen müssen. Gelingt dies nicht, konstituiert dies selbst eine wissenschaftliche Problemstellung (wie z. B. in der Frage der Integration von Quantentheorie und Relativitätstheorie). Für die Erziehungswissenschaft ist das insofern von zentraler Bedeutung, als manchmal Divergentes geradezu kultiviert wird (wie z. B. die Trennung von Geist und Materie in der Geisteswissenschaftlichen Erziehungswissenschaft), während die Feststellung systematischer Unterschiede zwischen psychologischen und physikalischen Gesetzen in der Tradition der Analytischen Philosophie als ein wissenschaftliches Problem anzusehen wäre.

Namenverzeichnis

Sachwortverzeichnis